# 宇宙人類学の挑戦

Challenge of Space Anthropology

## 人類の未来を問う

Inquiry about Human Future in Space

岡田浩樹
木村大治
大村敬一
編

昭和堂

# まえがき

今、この「まえがき」を読んでいるあなたは、なぜこの本を手に取ったのだろうか。「宇宙人類学」の名を冠した本書に、何らかの興味を覚えたことはもちろんだろう。しかしそこには、「宇宙」と「人類学」のとりあわせへの、（ミシンとこうもり傘とまではいかないまでも）ある種の違和感が含まれてはいなかっただろうか。つまり、「宇宙でどうやって人類学をするんだ？」という疑問である（第一章［岡田］参照）。

マリノフスキーによって確立された近代人類学は、いうまでもなくフィールドワークをその基礎に置いている。みずからフィールドに行かず、他人の報告のみをもとに研究する人類学者は「安楽椅子派」と揶揄される（終章［内堀］参照）。しかし、われわれ人類学者が宇宙にフィールドワークに行けるのだろうか？　残念ながら、現状では答えはノーである。そんな状況で、はたして宇宙人類学は可能なのか。

――やや自虐的な書きぶりになってしまったが、しかしわれわれは、宇宙人類学は可能であるし、また必要でもあると考えている。実際に宇宙に行けないというのは、たしかに隔靴掻痒ではある。しかし第四章［佐藤］にあるように、それぞれの世代のチャンピオンである宇宙飛行士たちが、宇宙での、そして地球帰還時の生々しい記述を与えてくれている。またＪＡＸＡやＮＡＳＡなど各国宇宙機関は、宇宙に関するさまざまな情報を公開している。さらに第三章［木村］で扱うＳＦからも、宇宙と人類を考える上でのさまざまな発想を得ることができる。なお、序章・第五章を書いた大村は、宇宙へ行くチャンスがあるならば「僕が行きます」と明言しているので、やる気のある人類学者は少なくとも一人はいるのである。

宇宙人類学の名のもとに追究されるべき事柄は多様だが、そこにはおおざっぱにいうと、「人類学を宇宙的に考える」方向性と、「宇宙を人類学的に考える」方向性を考えることができるだろう。前者からは、現在の人類学の閉塞を打ち破り、新たな局面を開くことが期待される。そもそも「人類学」とは人類について考える学問なわけだが、われわれが「人類」や「文化」といったものを意識するのは、その外部との対比がなされたときなのである。この文章を書いている現在、プロ棋士とコンピュータ・ソフトが争う「将棋　電王戦（第三回）」が行われている。この催しは「人類vsコンピュータ」と銘打たれており、新聞記事にも「将棋　人間が連敗」などという見出しが躍っている。人間が孤塁を守っていると信じられていた知性の領域も、コンピュータに凌駕されるのではないか。そのように気を揉むとき、われわれは「人間」や「人類」という概念をやけにリアルに感じている。宇宙もまた同じである。序章［大村］に出てくる、暗い宇宙に浮かぶ青い地球のイメージは、宇宙における人類の位置を知らしめてくれる。宇宙という外部に進出した人類の生を考えることは、まさに人類学に課せられた課題なのである。その意味で、宇宙が「フィールドワークに行けないほど遠い」ことは、むしろ好都合な条件だとさえいえるだろう。

本書の土台となった「宇宙人類学研究会」はさまざまな形でＪＡＸＡ（宇宙航空研究開発機構）に協力をいただいているが、第一章［磯部］にあるように、天文学者たちや、ＪＡＸＡをはじめとする宇宙機関の側からも、「なぜ人類が宇宙に行かないといけないのか」という根本的な問題についての、人類学からの発想が強く期待されている。それはすなわち、「宇宙を人類学的に考える」ということである。私自身、無人探査だけではなく人類が宇宙に行くべきだと考えているが、その思いを論理的に基礎づけるのは、それほど簡単なことではない。この問題に関するさまざまな視点からの考察が、まさに本書のなかでなされているのである。

このようなかたちでの「人類学」と「宇宙」の交錯が、この本を生んだ。しかしそれはまだ「事始め」の段階である（第二章［岡田］では、本書で取り上げることのできなかったさまざまな可能性が述べられている）。この本を手にしたあなたをはじめとする、宇宙と人類学に関心をもつ多くの人々に、われわれのムーブメントへ参加していただくことを期待している。

二〇一四年四月四日

木村大治

# 目次

まえがき　i

序章　クオ・ヴァディス・アントロポス？《人類よ、いずこへ行きたもう》

宇宙が問いかける人類の未来……大村敬一　1

1　二つの写真――本書の出発点……2

二つの写真からの問いかけ　5

2　彷徨える人類の想像力――二つのイメージの狭間で……7

自由と希望のイメージ　8

不安と恐怖のイメージ　11

3　再び見出される問い――クオ・ヴァディス・アントロポス？……12

あれから半世紀の宇宙　13

あれから半世紀の地球　15

グローバリゼーションの憂鬱　17

再び見出される問い　18

4　宇宙人類学の挑戦――来たるべき朝にそなえて……20

## 第1章　天文学者から人類学への問いかけ

人類は宇宙をかき乱すのか？……磯部洋明……25
1　宇宙と人類学……26
2　人類は宇宙で何をしているのか……29
安全保障利用　30
衛星測位　31
通信・放送　31
地球観測　32
有人活動　32
宇宙科学・探査　33
そのほか　33
3　宇宙史のなかの人類……34
4　宇宙へ行くのはどのような人々か……42
5　グロテスクな希望……48
6　宇宙人類学への期待……51

第2章　人類学のフィールドとしての宇宙……岡田浩樹……55

1　はじめに――「宇宙人類学」？……56
2　宇宙を想像しない人類学者……57
3　宇宙開発と拡大する生活世界……61
4　人文社会科学からの宇宙へのアプローチ……64
5　宇宙人類学――人類学から宇宙へのアプローチ……67
6　宇宙人類学の諸課題……72
高度知的生命体との出会いによる「人類」の対象化　74
宇宙環境への適応と新しい文化の生成　74
宇宙空間における身体的適応の問題　74
衣食住など基本的な生活文化の問題　75
宇宙進出、宇宙への移住に与える文化の影響　76
宇宙開発がもたらす新しい文化や宗教　76
宇宙居住地における文化とアイデンティティの問題　77
私たちの認識の変容をもたらす宇宙空間　78
7　宇宙に関する人類学的課題……79

第3章　ファースト・コンタクトの人類学……木村大治……83
1　はじめに――ファースト・コンタクトと人類学……84
2　ファースト・コンタクト・テーマ……86
3　哲学と宇宙人……88
ウィトゲンシュタイン、ベイトソン、大庭健　88
極限状態を見る意味　92
4　宇宙人は理解可能か？……93
相対主義と反相対主義　93
数学という手がかり　95
物理法則という手がかり　97
「やり‐とり」による理解　98
身体の相似性　99
5　理解に対する志向……102
トムとジェリーのパラドックス　102
コミュニケーションにおける「信頼」　104
生命と「よく似た他者」　106

第4章　宇宙空間での生は私たちに何を教えるか

宇宙飛行士の経験をめぐって……佐藤知久……111
1　日常生活の場としての宇宙……112
「宇宙に住む」という感覚　112
宇宙人類学研究　113
2　宇宙空間に住むということ……115
宇宙空間とはどこか　115
どんなところに住んでいるのか　116
誰がそこに住んでいるのか　118
国際宇宙ステーション内部の様子　118
3　長期滞在者の生は何を教えるか……119
価値観の変容　120
身体の変容　124
存在論的変容　129
4　宇宙文化のフィールドワークへ向けて……139
宇宙文化と人間性の拡張　139
地上性とは何か　140
宇宙のフィールドワークへ　142

## 第5章 未来の二つの顔


宇宙が開く生物=社会・文化多様性への扉……大村敬一……147

1 出発点――人類の精神の多重な拡長……148
人類の精神はどこに？ 148
人類の精神の多重な拡長 150
本章の射程――宇宙が開く生物=社会・文化多様性への扉 152

2 人類の進化史的基盤――精神の自在で多重な拡長……153
トマセロの「累進的な文化進化」仮説 153
現生人類の二つの心的能力 155
人類の進化史的基盤――精神の自在で多重な拡長 157

3 現生人類の現状――地球に花咲く人類社会の多重多様性……159
人類進化の二つの帰結 159
イヌイト社会の現在 161
イヌイト社会に見る人類の多重多様性 163
地球に花咲く人類社会の多重多様性 166

4 宇宙が加速する多様性――現生人類の精神の多重拡張能力への挑戦……167
宇宙が加速する人類の多重多様性 168
宇宙――現生人類の精神の多重拡張能力への挑戦 171

第Ⅰ段階――第一次オデッセイ期 172
第Ⅱ段階――第二次オデッセイ期 174
第Ⅲ段階――第三次オデッセイ期 174
5 未来の二つの顔――宇宙が開く生物＝社会・文化多様性への扉 177

終章 果てしなき果てをめざして 内堀基光 185
1 果てと極限 186
2 期待 189
3 進化における三つの契機 193
種の形成 194
身体外的な延長 195
絶滅 198
4 無重力状態の思考へ 201

あとがき 205
有人宇宙活動の歴史年表 209

# 序章　クオ・ヴァディス・アントロポス《人類よ、いずこへ行きたもう》？

## 宇宙が問いかける人類の未来

大村敬一

## 1　二つの写真――本書の出発点

ここに二つの写真がある。今から約半世紀前に実施されたアポロ計画で撮影され、人類史の最大の事件の一つといわれる写真である。

一つ目はEarthrise（地球の出）と呼ばれる写真であり（写真1）、一九六八年一二月二四日、アポロ八号の搭乗員が月周回軌道上で撮影したものである（Dickson 2009）。すでに、この写真が撮影される二年前の一九六六年、無人探査機のルナ・オービター一号が類似の白黒写真を撮影してはいた。しかし、月面の地平線から地球が昇る姿を人類が自らの目でとらえた上で直接撮影したのは、この写真が初めてであった。

もう一つはThe Blue Marble（青いビー玉）と呼ばれる写真であり（写真2）、一九七二年一二月七日、アポロ一七号の搭乗員によって、地球からおよそ四万五千キロメートルの距離から撮影された（Petsko 2011）。たしかに地球全体をとらえた写真はこれ以前のアポロ宇宙船の搭乗員によって撮られてはいた。しかし、それらの写真では地球は欠けた状態で撮影されており、地球が全球の状態でとらえられたのは、この写真が初めてであった。アポロ一七号が太陽を背に地球をとらえる軌道をとったために可能となったこの写真で、人類は全球の状態で輝く地球を人類史上初めて目にしたのである。

地球は、人類をはじめ、そこに棲まう生きものの目から見れば広大で、果てしなく広がっているように見える。人類史が始まって以来、長らく地表からさして離れることなく生活してきた人類には、その全貌を実際にその目でとらえることはできず、さまざまな観測機器や推論を駆使して想像することしかできなかった。このことは有人宇宙飛行が始まっても変わらない。たしかに、ガガーリンをはじめ、宇

写真1　Earthrise（©NASA）

写真2　The Blue Marble（©NASA）

宙飛行士や宇宙科学技術者たちの偉業によって、地球周回軌道上から俯瞰した地球の姿を私たちは見ることができた。しかし、この軌道上からでは地球を全球としてとらえることはできない。今日、誰にとってもすでに見慣れた光景の一つとなっているＩＳＳ（国際宇宙ステーション）からの地球像に明らかなように、たとえＩＳＳのように地球から四〇〇キロメートルもの距離をとったとしても、その軌道上からでは、地球を俯瞰することはできても、月への軌道や月周回軌道からのように一つの球として見ることはできないのである。

これが、この二つの写真がアポロ計画最大の成果の一つ、あるいは、人類史における大きな事件の一つであるといわれる所以である（岩田 二〇一二、立花 一九八五、二〇〇七）。現生人類は二五万年の進化史のなかで初めて、自らが棲まう地球から遠く離れ、その地球を一つの球として対象化する視点を手にし、実際にその目でそれを「見た」のである。たしかに、そのはるか以前から、人類は想像力を駆使してそうした球として地球を客体化してきた。人類学者のティム・インゴールド（Ingolod 2000）が指摘するように、人類は自己の周囲に拡がる環境を「圏（sphere）」としてとらえるだけでなく、「球（globe）」としても想像してきたのである。しかし、この二つの写真は、今日ではよく知られているように、そうした想像力によってとらえられた地球像とは決定的に異なる影響を人類に与えた。

星々が瞬く漆黒の宇宙にぽつんと浮かぶ青い地球。そこには国境もなく、ただ寂しげに、しかし、豊かな生命の営みを感じさせる一つの閉じた世界としての球がある。広大な宇宙の深淵を前にした小さな地球のはかなさを感じさせると同時に、国家も人種も、あるいは生物種の違いもなく、多様な生命がそのはかない球に共に暮らしている、あるいは暮らしていかねばならないということが、一目で切実に感じ取られる。

その後、この二つの写真が環境保護団体のシンボルとして多用されたことにも明らかなように、「たった一つのかけがえのない地球を守ろう」という環境運動のスローガンは、この写真がなければ生まれなかっただろう。あるいは、国境も何もない一つの球というイメージが、単に想像されるだけでなく、現実のものとして立ち現れたことで、「近代」と呼ばれるプロジェクトがさらにいっそう加速され、今日のグローバリゼーションという歴史現象が生じるきっかけの一つになったのかもしれない。いずれにしても、多くの論者が指摘するように（岩田 二〇一二、立花 一九八五、二〇〇七、Dickson 2009, Petsko 2011）、この二つの写真は人類に大きな影響を与えたのである。

## 二つの写真からの問いかけ

今、あれから約半世紀が過ぎようとしている。

その後、一九八九年のベルリンの壁の崩壊をもって東西冷戦の時代が終わり、グローバリゼーションと呼ばれる現象が進展していった。そのなかにあっても、富める者はますます富み、貧しき者はますます貧しくなるという世界の仕組みはなかなか変わることなく、南北問題が深刻化し、人口問題、食糧問題、頻発する低強度紛争、全地球規模での気候変動と環境問題など、人類はさまざまな問題と直面してきた。他方で、あの二枚の写真が撮られたのち、人類が再びそれと同じ写真を撮ることができる空間を訪れることはなくなり、かつて踏みしめた月ですら遠いままである。たしかに、ＩＳＳの建設や無人探査、衛星の商業利用など、宇宙開発に進展がないわけではない。幾多の科学技術の進展のなか、コンピュータもエンジンも生命維持システムもアポロ時代のものとは比べることすらはばかれるほどになっている。もはや技術的には月面基地どころか、火星有人飛行すら可能であるとさえいわれる。また、GPS（全地球測位システム）の普及に典型的なように、私たちの日常生活は地球周回軌道上に張り巡された衛星のネットワークなくしてはありえなくなるほど、宇宙開発との関係を深めている。

この今という時代にあって、もう一度、あの二枚の写真を見てみよう。その写真は今の私たちに何を問いかけてくるのだろうか。約半世紀という時が過ぎ、そのなかでさまざまなことを経験してきた私たちにとって、あの写真は当時とは異なる何かを語りかけてくるのではないだろうか。

この問いを出発点に、人類の未来について考えながら、問題提起を行うのが本書の目的である。そのために、この序章ではまず、この二つの写真がこれまでの私たちの想像力に与えてきた影響を簡単に整理し、これらの写真に再び相まみえるための準備を行う。その上で、これら写真に対して私たち本書の執筆者たちがとる立場を明確にしながら、本書の意図と構成を明らかにしてゆこう。

まださして多くの人類が宇宙に住んでいるわけでもないのに、なぜ人類学者が宇宙を研究するのか、大多数の人類が住まう地球上の問題にこそ、人類学者は立ち向かうべきではないのか。そうした批判はもっともである。あるいは、宇宙人類学とは「宇宙人」の人類学なのかとまで揶揄されるほどに、私たちの挑戦は奇怪に見えるかもしれない。しかし、いまだ十全に実現されていないとはいえ、宇宙という場での人類の営みについて考えることは、「人類はどこから来て、どのような存在であり、どこに向かうのか」という人類の過去と現在と未来を問う学問、人類学の重要な一翼を担うのではないだろうか。しばらく本書の執筆者たちの声に耳を傾けてもらいたい。

## 2　彷徨える人類の想像力——二つのイメージの狭間で

星々が瞬いてはいるものの、どこまでも深い漆黒の闇のなかに、青いビー玉のように愛らしくもささやかに浮かび上がる地球。美しくも荒涼とした月面の地平線から、頼りなげに、しかし、その月面とは鮮やかなコントラストを見せながら昇る地球。

生態心理学者のギブソンが人類の視知覚の研究を通して「知覚は二つの極、主体的なるものと客体的なるものをもち、（中略）人は環境を知覚し、同時に、自分自身を知覚する」（ギブソン　一九八五：一三六頁）と看破したように、この地球のイメージにもヤヌスのような二つの顔がある。私たちがこの写真を目にするとき、そこに客体として対象化された一つの球としての地球が浮かび上がるだけでなく、その地球を撮影した主体がその地球を一つの球として対象化することができる場にいるということも同時に感じ取られる。

この地球のイメージにどこか茫洋とした解放感と不安感と浮遊感を感じるのは、そのためではないだろうか。自らが棲まう世界の全体を見渡しているという解放感だけでなく、そこから遠く離れたあてどない空間に独りぼっちで佇んでいるという孤独感。あるいは、それら写真が醸し出すこうした印象には、人類学という学問を生み出してしまった人類のパラドクスが浮き彫りになっているのかもしれない。自己自身を自らの仲間たちも含めてその全体を見渡そうという欲望が、自己自身とも仲間たちとも離れてあてどもなく漂ってしまう自己を生み出してしまう。たしかに、そこには、自己自身を含めた人類の全体を客体化する自由な解放感がある。しかし、その客体化している自己の孤独に、底知れない不安も感じる。それは解放と不安が拮抗する浮遊感なのかもしれない。

こうした印象と同じように、これら写真が私たち人類の想像力に与えた影響には、二つの側面があるのではないだろうか。その一つは、未来に向けて躍進する自由と希望のイメージであり、もう一つは、この何もない宇宙に無防備に放り出されてしまっているという不安、あるいは恐怖のイメージである。

## 自由と希望のイメージ

一つ目の未来への自由と希望については、むしろ、これら写真以前から「近代」というプロジェクトを推進し、まさにそれら写真を実現させてきた駆動力に拍車を与えたといえるだろう。重力のくびきから逃れてどこまでも飛翔する欲望は、さまざまな神話に語られてきたように、決して新しいものではない。とくに一七世紀にヨーロッパという僻地で、勇気ある無謀ともいえそうな「近代」のプロジェクトが幕を開け、科学技術人類学者のラトゥール（一九九九、二〇〇八）が指摘するように、「自然／人間（社会・文化）」の二元論的な存在論の実現を目指して、純粋な「自然」の真理の探究と、純粋な理性に基づく自由な政治的主体によって建設される「人間」社会の理想が、「進歩」の名のもとに追い求められるようになってからは、この未来への自由と希望が人類を牽引してきたともいえる。

ラトゥールが指摘したように、この「近代」のプロジェクトは、科学研究のためのテクノサイエンス・ネットワークをはじめ、産業資本制経済の市場のネットワークのように、人間と非人間（モノ）を結びつけて長大なネットワークを構築し、外部に向けて拡張しながら、そのネットワークを通して資源や情報を集めて操作することを通して、世界を一望のもとにおさめながら操作し、重力のように人類を縛りつける文化のバイアスや因習や伝統のくびきから離脱しようとする試みだった（大村 二〇一〇、二〇一一、二〇一二）。ネットワークが拡張すればするほど、文化のバイアスに汚されていない純粋な「自然」の真理が明らかになり、因習と伝統のくびきから逃れた理性的で自由な「人間」の社会が実現するはずであるという「進歩」の信念のもとで、さまざまな機械装置が次々と開発され、理想的な社会を目指して社会制度の改良が進められてきた。そこでは、未来へ向けて躍進する自由と希望を集約した「進歩」の信念がネットワークの拡張を駆動し、科学技術と市場経済と社会制度の加速度的な変化をもたらした。

こうした「近代」のプロジェクトの到達点の一つこそアポロ計画であり、これらの写真はそうした「進歩」によって実現される未来への自由と希望を象徴していたといえるだろう。アポロ一一号のアームストロング船長がはるか彼方の月面に降り立つ姿をテレビで目にし、その月への旅路で撮られたこれらの写真、夜空に見上げる小さな月とちょうど同じように中空に丸く浮かぶ地球を見たとき、私たち人類は地球から脱け出し、こんなところまでやってくることができたという実感を持つことができた。かつてユーラシア大陸の北辺に発祥した科学技術のネットワークが、かつてはただ見上げることしかできなかった月にまでついに到達したのである。しかし、宇宙はまだ広い。次は火星か、さらなる外惑星か、あるいは太陽系の外側の銀河系へ、そして、銀河間の深宇宙にまで。私たちはどこまでもネットワークを伸ばしながら、「自然」の真理を探究しつつ、宇宙のそこかしこに理想的な「人間」社会を築き、どこまでも「進歩」してゆくことができるに違いない。

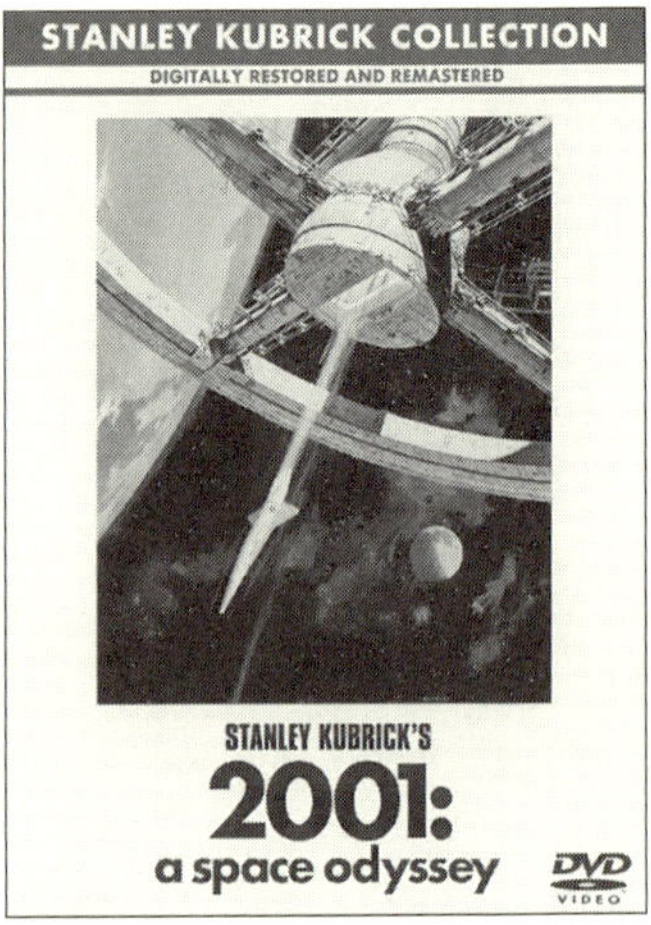


写真３　DVD『2001年宇宙の旅』より
（ワーナー・ホーム・ビデオ、1,429円＋税）

リヒャルト・シュトラウスの軽やかな円舞曲にのって回転するドーナッツ型宇宙ステーションをはじめ（写真3）、幾多のＳＦ小説や映画に描き出される宇宙の旅には、そこに数々の困難が待ち受けているとしても、それらを乗り越え、真理と自由を求めて、どこまでも未来を切り拓いてゆく希望がどこかに通底している。国家も民族も人種も超えて一つになり、宇宙へ羽ばたく人類。月面に基地が建設され、ラグランジュ・ポイントに群れになって浮かぶシリンダー型スペース・コロニーで人々が日常生活を送るようになり、火星がテラ・フォーミングされ、小惑星帯や外惑星系から膨大な資源が供給される。そして、探検隊のみならず、世代宇宙船が太陽系の外に新天地を求めて恒星間飛行に旅立つ。あるいは、光の速度を超えて航宙する技術も開発されるかもしれない。本書の木村論文が論じているように、その先で、私たちとは似ても似つかない奇妙な生命体と出会うこともあろう。彼らは友好的なのか、それとも私たちの脅威となるのか、あるいは、相互に理解することすらできないかもしれない。いずれにしても、「近代」のプロジェクトはいよいよ地球の重力から飛び出して、そのネットワークを新たな驚異に向けてどこまでも伸ばしてゆく。そこに拓かれてゆくフロンティアには、限りない自由と希望が溢れている。

## 不安と恐怖のイメージ

図１　『宇宙戦艦ヤマト2199』より（©2012 宇宙戦艦ヤマト2199 製作委員会）

しかし、こうした自由な未来への楽天的な希望のイメージに拍車をかけつつも、これらの写真が人類の想像力に不安と恐怖の影を落としたことも、たしかなことである。その後、これらの写真が多くの環境保護運動のシンボルマークとして多用されたことに明らかなように、これらの写真は、人類にとって苛酷な宇宙空間にあって、人類をはじめとする地球生命体が生きてゆくことができるのは、このあまりにもささやかな地球だけであることも、あらためて人類に思い知らせることになった。この小さな水泡のようにはかない青い地球以外の場で、果たして人類は生きながらえることができるのか。「成功した失敗」ともいわれるアポロ一三号が、瀕死の事故に遭いつつも苦闘の末に地球に帰還したとき、宇宙が人類にとっていかに危険な場であるかがあらためて確認された。そして、一九七〇年代から地球の各所に噴き出し始めた公害問題。この偉大なる宇宙へのプロジェクトを推進しつつも、人類の破滅さえも引き起こしかねない負の力ともなった東西冷戦、その帰結としての核戦争への恐怖。

真っ赤な地球。これほどに、こうした不安と恐怖を鮮やかに映し出したイメージはないだろう（図1）。一九七四年に初放映された『宇宙戦艦ヤマト』のなかで、青いビー玉が赤くただれた姿に変わり果ててしまうのを目にしたとき、公害問題と核戦争の恐怖が日常化しつつあった時代、そのイメージは意外なほど自然な姿に見えてしまったのではあるまいか。それはありうる未来の地球の顔として私たちに迫ってきたはずである。このかけがえのない小さな地球でしか、私たちは生きてゆくことはできない。イデオロギーや資源獲得のために相争っている場合ではない。そもそも、地球に国境などないではないか。一ヵ所で生じた汚染は全地球規模に拡大する。それはビー玉のように小さく限られた世界で、そこにある資源には限りがあり、ごくわずかな太陽活動の変動にさえも敏感に反応する繊細ではかない世界である。この宇宙船地球号を守らねば、冷たい闇の宇宙のいったいどこで私たちは生きてゆくことができるのか。二九万六千光年の旅路の果て、ヤマトの沖田艦長がこの世を去る間際、真っ赤な地球を見ながらつぶやいたことば、「地球か、何もかもみな懐かしい」に象徴されるように、私たちが生きてゆく場所はここにしかないということが、静かな衝撃をもって確認されたのである。

このように、これら二枚の写真は当時の人類の想像力に、希望と不安あるいは恐怖のあいだで宙づりになったようなアンビヴァレントな未来像を与えたのではないだろうか。

## 3　再び見出される問い――クオ・ヴァディス・アントロポス？

その後、今日にいたるまでの約半世紀、人類はこうしたアンビヴァレントな未来のイメージのなかで彷徨してきたように見える。

## あれから半世紀の宇宙

二〇号まで計画されていたアポロ計画は大幅な予算削減のために一七号で打ち切られ、スカイラブ計画など、地球周回軌道上での長期滞在を目指したプロジェクトにとって代わられた。一九八〇年代から一九九〇年代のソ連のミールをはじめ、二〇〇〇年代のISSなどで、こうした宇宙での長期滞在記録は次々と更新されていった。一九八〇年代初頭にはスペースシャトルが運航を始め、ロケット技術は格段に進歩し、数千の人工衛星が地球周回軌道に打ち上げられて、科学探査のみならず、軍事利用や商業利用がされるようになってゆく。通信中継、資源探査、気象観測、地球環境観測など、地球周回軌道には、現在の人類の日常生活に欠かすことができない無数の衛星がひしめき、デブリ問題など、軌道空間の汚染までもが憂慮される。GPSの普及に象徴されるように、二一世紀に入ると、地球周回軌道の宇宙開発は私たちの日常生活を支える身近なものとなっていった。

もちろん、水星、金星、火星、小惑星に向けて、さらには木星や土星など、より外側の惑星系にも多数の無人探査機が送られ、太陽系の多様な環境に私たちは目を見張った。一九九〇年の二月一四日にはボイジャー一号が、無人機ではあるものの、太陽から約六〇億キロメートルの彼方の宇宙空間から太陽系の家族写真（太陽系全体をおさめた写真。この写真では、木星、地球、金星、土星、天王星、海王星の六つの惑星と太陽が写っている）を撮影し（NASA 1996）（写真4）、そこにPale Blue Dot（淡い青の点）（Revkin 2007）として映し出された地球の姿に、再び人類は地球のはかなさを思い知ることになる。さらに、地球周回

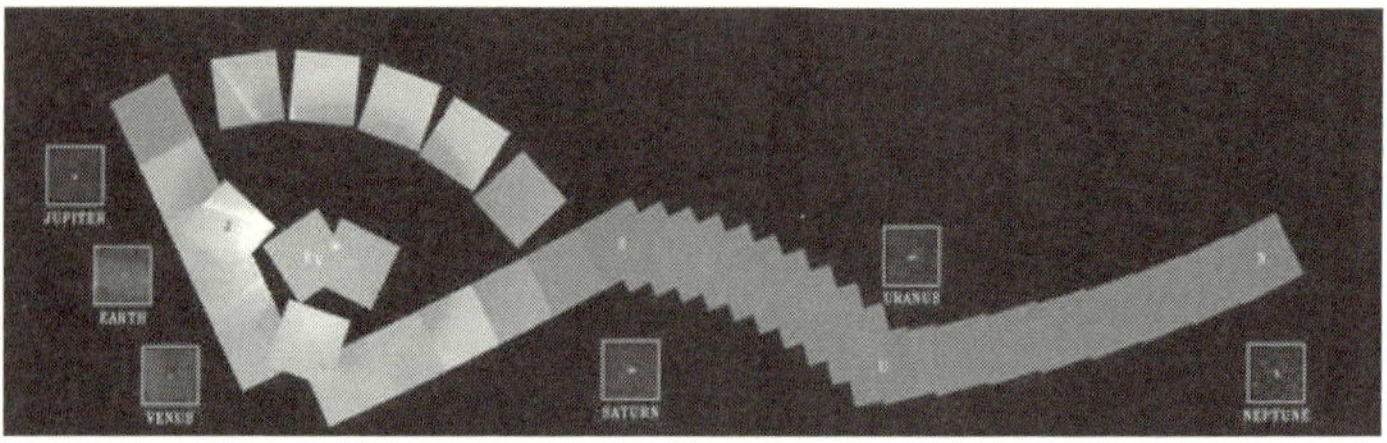


写真4　太陽系の家族写真（©NASA）

軌道に打ち上げられたハッブル宇宙望遠鏡からは遙か彼方の深宇宙の驚異の姿が送られ、太陽周回軌道のケプラー探査機からは多数の太陽系外惑星の発見がもたらされた。こうした探査によって、太陽系の豊かさが再発見されるとともに、ダークマターの存在や加速的に膨張する宇宙の姿、宇宙背景輻射に垣間見られる宇宙開闢のビッグバンの様子など、宇宙の深淵なる神秘に人類は目を奪われてきた。

　しかし、そうした目を見張るような躍進とは裏腹に、人類はいまだ地球周回軌道にとどまり続けている。たしかに宇宙空間の軍事利用と商業利用は活発である。しかし、当初は低予算で高効率を期待されたスペースシャトルも期待通りの成果を上げることはできず、チャレンジャー号とコロンビア号の悲惨な事故もあって失速し、二〇一一年には退役してしまった。また、二一世紀に入ってアメリカ合衆国が火星有人探査までも視野に入れた再度の有人月面探査計画、コンステレーション計画を発表したものの、予算難のために中止されてしまった。たしかに、その後、オバマ大統領によって有人火星探査計画が発表され、ロシアも有人火星探査を計画し、欧州宇宙機関も有人火星探査計画オーロラプログラムに取り組んではいる。しかし、アポロ計画以後、月を訪れることすらなくなり、地球周回軌道から出てゆく者はいまだ誰もいない。

## あれから半世紀の地球

他方で地球上では、ベトナム戦争は何とか終わったものの、中東をはじめとして紛争の火種は尽きず、東西冷戦は相も変わらず続き、核戦争の恐怖はむしろ常態化していった。当初は地域的に見えた公害問題はすぐに地球環境全体の問題にふくれあがっていった。人口は爆発的に増え続け、エネルギーと資源と食料に限りがあることに人類は気づいてゆく。スリーマイル島、チェルノブイリと続く事故で、当初は夢のエネルギーとさえ思われた原子力の危険性を嫌というほど思い知らされる。二〇世紀半ばに独立を果たした新興国にテイクオフ理論に基づいてさかんに行われた開発援助が、結局のところ、援助する側の利益になっても、援助される側は貧しくなってしまうという現実があからさまになってゆく。医学はたしかに進展したが、病気は撲滅されず、むしろ貧困の問題と足並みをそろえて地球を席巻していった。そして、ＡＩＤＳに襲われたとき、あらためてパンデミックの脅威に恐怖した。

一九八九年にベルリンの壁が崩壊し、東西冷戦が終結すると、そうした問題が一挙に吹き出していった。たしかに、イデオロギー闘争の時代は終わりを迎え、産業資本主義と民主主義の論理が世界を席捲し、市場経済のネットワークで全地球が覆われてゆくグローバリゼーションという現象が進展するに伴って、あの青いビー玉のように国境なき一つの世界が実現しつつあるようにさえ感じられた。しかし、それでも国境は消えず、イデオロギーの大義のもとで東西陣営が正面切って対決する代わりに、地球上のあちこちで低強度の紛争が火を噴き始めた。そして、世代間の平等と民族間の平等をうたう持続可能性の理念がじつは破綻していることが明瞭になってゆくなか、富める者はますます富み、貧しき者はますます貧しくなるという資本制の仕組みがあからさまになってゆく。加えて市場経済が暴走し、資本主義の極限ともいえそうなネオリベラリズムも崩壊してしまった。

そして、はかなく壊れやすい地球はもはやイメージではなくなり、現実の問題として人類に襲いかかってきた。南北両極でオゾン層に穴が空き、地球温暖化が明白になり、異常気象が猛威をふるい、地球環境の崩壊が切実な問題となっていった。再生エネルギーや再生資源が開発され、その可能性に希望が託されはするものの、人口の増大は爆発的なまま七〇億を軽々と超え、地球という環境はますます狭くなり、エネルギーと資源の問題はますます大きくなっていった。加えて、臓器移植からはじまって、遺伝子操作、クローン技術、果てはｉＰＳ細胞やナノテクノロジーなど、人類は生命や物質を根本的なレベルで操作する技術まで手にしつつも、かえってその危険性に怯えるようになっていった。地球という環境は、気象や地質、生態系のマクロなレベルから、微少な物質や病原体、遺伝子のミクロなレベルにいたるまで、科学技術が進めば進むほど不確かなことが明らかになってゆく脆くはかない場であることに否応もなく気づかされたのである。

こうした問題と脅威が満載された地球、そこで生きている七〇億以上の人類、さらにそこに棲まう無数の生命体。それらこそ、今私たちが守るべきものではないのか。宇宙のフロンティアに羽ばたくのもよいかもしれない。しかし、何よりも私たちにとってかけがえのない地球を守ってこそ、私たちは宇宙に飛び立つことができるのではないのか。宇宙に人類の未来の夢を託すのは、この地球に溢れる身近で切実な問題を解決した後のことではあるまいか。

## グローバリゼーションの憂鬱

しかも、産業資本主義の論理に従ったグローバリゼーションが進展するなか、絶滅してゆく生物種はうなぎのぼりに増え、かつては目を見張るように多様であった人類の言語も文化も急速に平準化され等質化されている。生物多様性、言語多様性、社会・文化の多様性は連動して急速に消えつつあり、地球生態系も人類も柔軟性と変化への適応能力を失いつつあるという懸念が示されてすでに一〇年以上になる。しかも、そうした多様性を維持すると同時に、地球に棲まう七〇億もの人類が平等に幸福を手にせねばならない。多様性への希求と平等な幸せへの希求がせめぎあうなか、地球という水泡のように小さくささやかな小宇宙で、どうやって資源を再生的に利用し、富を平等に再分配してゆけばよいのか。科学技術が解決を与える可能性もあるかもしれない。しかし、その科学技術が進展すればするほどに、逆に地球環境のあらゆるレベルの不確かさが明らかになってゆくのではないのか。

グローバリゼーションということばにどこか閉塞感がつきまとうのは、こうした状況の故であるように思われる。グローバリゼーションということばに暗示される有限という感覚。たしかに、この広大なグローブ全体は今や電子的なネットワークで覆われ、そこに棲まう七〇億以上もの人類を一つにつないでいる。しかし、そのグローブ（球）は小さなビー玉であり、その有限な小宇宙で、果たして私たち人類は平等な多様性の実現というかなり難しい理想を達成することが本当にできるのだろうか。ただただ小さなパイの取り分を奪い合う愚を犯さずにいられるのだろうか。この五〇年間にわたって明らかになってきたように、産業資本主義の論理はむしろ、そうしたパイの取り合いを激化させ、富める者だけがますます富み、貧しき者はますます貧しくなってゆくだけではないのか。グローバリゼーションには、グローブとしての地球を一つにまとめあげ、それを対象化することができたという自信が漲る一方で、どうにもならないジレンマを抱え込んでしまったという閉塞感が同時に孕まれている。

本書の岡田論文と磯部論文が論じているように、あるいは、財政難にあえぎ、地球上の問題に立ち向かうあまり失速してしまった国家主導の宇宙開発に代わって、現在にわかに勃興している民間のベンチャー企業の胎動、たとえば、スペースシップワンやスペースシップツー、マーズワン計画、スペースポートの建設、地球周回軌道ホテルの建設計画、宇宙観光ビジネス、ＩＳＳへの人員と物資の輸送を行う商業軌道輸送などの動きは、こうした閉塞感が敏感に感じ取られた結果なのかもしれない。たしかに地球上の無数の問題を解決してゆくことは重要である。宇宙に飛び出すなど、あまりに無謀で自分勝手なことかもしれない。この地球上で貧困にあえぎ、飢えて死んでゆく人々がいるなかで、そんなことが許されるのか。しかし、この小さな球に拘泥していてもいいのか。あるいは、宇宙に飛び出し、未知の世界に身を置くことで、むしろ新たな可能性が拓け、今の地球上の問題も解決されるのではないのか。楽観的かもしれないが、この多様性と平等の実現という今日のグローバルな根本的矛盾も、そうすることで解決の糸口が見つかるかもしれない。そうしたことが感じられているのかもしれない。

## 再び見出される問い

こうした今という時代にあって、もう一度、あの二枚の写真に向き合ってみよう。あの写真は私たちに問いかけてくるのではあるまいか。「クオ・ヴァディス・アントロポス（人類よ、いずこに行きたもう)」。この地球にとどまるのか、それとも出てゆくのか。ちょうど、ネロ帝の時代の混乱と迫害のローマから逃れようとしたペテロが、アッピア街道で出会った神に問うたように、私たちはそれら写真から同じような問いを突きつけられるのではあるまいか。

しかし、勘違いしないでほしい。ここに集う人類学者たちは、地球にとどまるべきであるとも、地球から出てゆくべきであるとも、決して主張するものではない。あれから約半世紀にわたる混乱と彷徨を経た今という時代、私たちはあらためて「私たちはどこに行くべきなのか、あるいは、行きたいのか」を問われているのではないだろうか、そう問いかけたいのである。

この問いは至極単純な問いでありながら、それに解を与えるのは容易なことではない。もとより、地球各地の人類の多様性を通して人類の普遍性を探る私たち人類学者は、今このとき、地球上の人類に目を覆いたくなるほどの富と幸福の不平等が蔓延し、荒れ狂う地球環境のもとで苦しむ人々が無数にあり、生物多様性と言語の多様性と社会・文化の多様性が刻一刻と失われてゆく姿を己の目で見てきた。こうした地球上の問題にこそ取り組むべきではないのか。今日、多くの人類学者が開発や紛争や環境問題に焦点をあてているのは偶然ではない。しかし、それでも、「人類はどこから来て、どのような存在であり、どこに向かうのか」という人類の過去と現在と未来を問う人類学者であるからこそ、こう問うのである。一〇万年ほど前に出アフリカを果たして以来、地球上に拡がってゆくなかで言語と社会・文化の多様性を花開かせてきた人類は、たとえ地球上で平等な幸福を実現することができたとしても、グローバリゼーションのなかで多様性を失い、あるいは熱的平衡の死を迎えてしまうのではないだろうか。

本書に提出されるのは解ではない。本書はあくまでも問いかける。クオ・ヴァディス・アントロポス？　その問いを受けとって考え、議論し、解を出すのは私たち人類である。

## 4　宇宙人類学の挑戦――来たるべき朝にそなえて

このように問いかけを主眼とする本書では、人類の過去と現在と未来を問う人類学という学的営為の延長線上で、人類が宇宙に進出したとき、そこにどのような可能性が潜んでいそうなのか、実験的に探求する。

じつは、こうした人類学の試みは私たちが初めてではない。すでに、欧州宇宙政策研究所（ＥＳＰＩ）での研究には人類学者が参加して同様の考察を始めつつあり、その成果は *Humans in Outer Space* というシリーズの論文集として発表されている（Codignola & Schrogl eds. 2010; Landfester, Remuss, Schrogl & Worms eds. 2011）。また、バターリアを中心とする人類学者のグループが「近代」のプロジェクトとグローバリゼーションという今日の状況の延長線上に宇宙の問題を取り上げ、限界の設定と地平の拡張のあいだの緊張関係を象徴する「極限（extreme）」という「近代」に独特な存在のあり方に焦点をあてながら、宇宙空間における人類の行く末を見据えようとしている（Battaglia ed. 2005; Valentine, Olson & Battaglia eds. 2012）。また、*Lunar Settlements* という論文集には人類学者も寄稿しており（Masali, Ferrino, Argenta & Cremasco 2010）、たしかにさほど多くの人類が宇宙に暮らしているわけではないとはいえ、今後、宇宙が人類学の重要な舞台になるであろうことを予感させる。

こうした動向と同期しながら、本書では次の三点を共通のベースとして共有する執筆者たちがそれぞれの議論を展開する。その一つは、グローバル化という現在進行中の歴史現象の延長線上に宇宙開発の問題をとらえ、宇宙開発を支える世界観を「近代」や「ポスト近代」の問題と関係づけながら、「近代」を超える可能性を探るという視点である。そして、二つには、人類学がこれまで培ってきた方法論や概念装置が、宇宙という新たな領域において有効性を発揮しうるかどうかを検討するという問題意識である。最後に、宇宙開発によって人類の多様性がいかに進展しうるか、その可能性について、これまでの人類学の手法を用いて検証するという目的である。

あの二枚の写真からの問いかけに人類がどう答えるのか。それはまだわからない。しかし、その答えがいずれであるにしても、人類が宇宙に向かう日に何が起きそうなのか、そのとき人類学に求められる任務とは何なのかについて考えることは無駄ではあるまい。少なくとも、本書で展開される考察は、あの写真からの問いかけに人類が答えるための一助くらいにはなるのではあるまいか。もし人類が宇宙に羽ばたく朝が来るなら、私たちはその朝に向かって生きよう。そして、変わることの痛みを超えて、繰り返し、繰り返し、その朝を越えて飛ぶ鳥になろう。生きることは変わってゆくことなのだから。

**参考文献**

岩田陽子　二〇一二「ISTS28[th]における人文・社会科学系パネル『宇宙時代の人間・社会・文化』開催録」『宇宙時代の人間・社会・文化――新たな宇宙時代に向けた人文科学および社会科学からのアプローチ』（宇宙航空研究開発機構研究開発報告）、宇宙航空研究開発機構、九七―一二八頁。
大村敬一　二〇一〇「自然＝文化相対主義に向けて――イヌイトの先住民運動からみるグローバリゼーションの未

来」『文化人類学』七五（一）：五四―七二頁。
大村敬一　二〇一一「大地に根ざして宇宙を目指す――イヌイトの先住民運動と『モノの議会』が指し示す未来への希望」『現代思想』三九（一六）：一五三―一六九頁。
大村敬一　二〇一二「未来の二つの顔に――モノの議会とイヌイトの先住民運動にみるグローバル・ネットワークの希望」三尾裕子・床呂郁哉編『グローバリゼーションズ――人類学、歴史学、地域研究の現場から』弘文堂、三一七―三四五頁。
ギブソン、J・J　一九八五『生態学的視覚論』古崎敬訳、サイエンス社。
立花隆　一九八五『宇宙からの帰還』中央公論新社。
立花隆　二〇〇七『宇宙を語るII――人類と宇宙の未来』中央公論新社。
ラトゥール、B　一九九九『科学がつくられるとき――人類学的考察』川崎勝・高田紀代志訳、産業図書。
ラトゥール、B　二〇〇八『虚構の「近代」――科学人類学は警告する』川村久美子訳、新評論。
Battaglia, B. ed. 2005 *E. T. Culture: Anthropology in Outerspaces*. Duke University Press.
Codignola, L. & K.-U. Schrogl eds. 2010 *Humans in Outer Space: Interdisciplinary Odysseys*. Springer.
Dickson, P. 2009 *A Dictionary of the Space Age*. The Johns Hopkins University Press.
Ingold, T. 2000 *The Perception of the Environment*. Routledge.
Landfester, U., N.-L. Remuss, K.-U. Schrogl & J.-C. Worms eds. 2011 *Humans in Outer Space: Interdisciplinary Perspective*. Springer.
Masali, M., M. Ferrino, M. Argenta & M. Cremasco 2010 Anthropology: Physical and Cultural Adaptation in Outer Space. In H. Benaroya ed., *Lunar Settlements*. CRC Press, pp.165–174.
NASA 1996 PIA00451: Solar System Portrait. http://photojournal.jpl.nasa.gov/catalog/PIA00451（二〇一四年一月二六

日閲覧）
Petsko, G. 2011 The Blue Marble. *Genome Biology* 12(4): 112.
Revkin, A. 2007 Dot Earth: The Domain We All Share. *The New York Times* Oct. 24.
Valentine, D., V. Olson & D. Battaglia eds. 2012 Extreme: Humans at Home in the Cosmos. (Special Collection) *Anthropological Quarterly* 85(4): 1007–1160.

# 第1章　天文学者から人類学への問いかけ

## 人類は宇宙をかき乱すのか？

磯部洋明

## 1　宇宙と人類学

人類学者のレヴィ＝ストロースはかつて日本で行った講演のなかで、人文社会科学のなかで人類学が占める位置は自然科学のなかで天文学が占める位置に相当すると述べている（レヴィ＝ストロース 二〇〇五）。天文学がその対象からの遠さのためにかえって対象を抽象化して物理的な本質を抜き出すことに成功しているように、遠く離れた「未開の」民族を対象とした人類学もまた、対象への遠さに起因する抽象化が人間や社会の本質的な部分を見ることを可能にしたという意味である。

しかしこの天文学と人類学の類似は別の読み方をすることもできる。天文学がブラックホールや太陽系外惑星などわれわれの日常感覚とはかけ離れた多様な物質的世界を明らかにしてきたことと、人類学がさまざまな民族の調査を通して人間のあり方がいかに多様であるかを明らかにしてきたことのアナロジーである。また、他者を知ることで自らを知るという人類学の視点は、火星や金星との違いを知ることで地球を知り、太陽系外惑星を探すことで太陽系を知ろうとする天文学の視点とも共通する。レヴィ＝ストロースは世阿弥の「離見の見」という言葉に触発されてその著書に *Le Regard Eloigne*（邦訳『はるかなる視線』）というタイトルをつけているが、序章で紹介されているアポロが撮った宇宙に浮かぶ地球の写真、The Blue Marble はまさに「離見の見」の宇宙的実践であった。

ボストン美術館にポール・ゴーギャンの「われわれはどこから来たのか？　われわれは何者か？　われわれはどこへ行くのか？（D'où venons-nous ? Que sommes-nous ? Où allons-nous ?）」という絵がある。芸術家がキャンパス上に表現しようとしたこの問いは、序章で大村が述べた人類学者の問い「人類はどこから来て、どのような存在であり、どこに向かうのか」そのものである。そしてこの問いは、天文学、あるいはより一般的に宇宙科学（天文学、惑星科学、宇宙工学等を含む）にとっての根源的な問いでもある。日本を含む一四ヵ国・地域の宇宙機関が二〇〇七年に発表した文書「グローバル探査戦略（Global Exploration Strategy; GES）」には、宇宙探査の究極の目的は"Where did we come from? What is our place in the universe? What is our destiny?"の三つの問いに答えることだと書いてある。ここで二番目の問いが、われわれが宇宙のなかでいる場所はどういうところかという、やや自然科学的なニュアンスの問いになっているのは、現在の宇宙探査を担っているのが自然科学系の人々であることの表れだろう。

世界の多くの民族が宇宙や人類の創世神話を持っている。宗教哲学者の鎌田東二によれば、神話とは「世界の成り立ちや民族や国家の成立、われわれがこの世界（宇宙）の中で、なぜ、どのように存在するに至ったか、われわれはどこから来てどこに向かっているのかについての物語的説明と表現」（鎌田 二〇一二）である。神話の「物語」には、近代科学の視点から見ればさまざまな矛盾や非論理的な内容が含まれているように見えても、そこにはある種の内的な整合性を持った論理体系があり、その論理体系に基づいて人類にとっての根源的な問いに対する「説明」を与える機能がある。レヴィ＝ストロースによれば人類が神話に求めてきたものとは「私たちをとりまく世界の秩序と、私たちが生まれた社会の構造を解き明かし、その存在理由を示すことであり、世界全体あるいは個々の社会が、始源に創り出された姿のまま存続してゆくであろうという、心を安らかにする確信を与えること」であった（レヴィ＝ストロース 二〇〇五：一二二頁）。自分たちが何者でこの先どうなるのかを知らないことは、不安で苦しいことだろう。だから人々は神話の物語によって、自己の存在の意味を確認し心の平安を得ていた。しかし近代科学は、世界全体も個々の社会も始源に創り出された姿のまま存続してゆくわけではないことを明らかにした。このあと述べるように、われわれは不可逆に変化する宇宙の一部なのである。

宇宙人類学が目指すものは、宇宙という特殊なフィールドの限られた人々を対象にした学問に留まらない。人と宇宙との関わりは自ら宇宙飛行士になって宇宙へ行くことだけではない。われわれはすでに宇宙空間を利用するというかたちで活動圏を地球外へと広げているし、地球環境は常に宇宙からの影響にさらされている。天文学は人類にとって最も古い学問の一つであり、宇宙と地球に関する認識の変化は人類の思考にも大きな影響を与えてきた。そしていつの日か地球外へ定住しそこを故郷だと思う人々がごく少数でも現れるか、地球外に起源を持つ生命と出会う日が来たならば、それは人類全体にさらに大きなインパクトを与えるだろう。

われわれはどこから来て、何者であり、どこへ向かっているのか。千年後の人類も問い続けているであろうこの問いを考える上で宇宙を避けて通ることはできない。宇宙人類学とは、千年後に神話となるわれわれ自身の物語をつむぐことだということもできるだろう。まだ対象すらはっきりとしない、しかし知的刺激にあふれたこの営みに対して、一人の天文学者からの期待を述べるのが本章の目的である。

## 2　人類は宇宙で何をしているのか

現時点での宇宙における人類の活動を概観しておこう。そのためにまず宇宙空間が物理的にどういう場所かを簡単に説明し、次に本書を執筆している二〇一四年の段階で宇宙利用にどのようなものがあるかをまとめておく。なお日本語で「宇宙」というとき、地球外の空間としての宇宙、すなわちスペース(space)を指す場合と、この世界全体としての宇宙、すなわちユニバース(universe)を指す場合があるが、ここでは前者の意である。

宇宙空間がどこからを決める明確な定義はないが、地上一〇〇キロメートル以上が目安だとされ、この高度以上であれば他国の上空を通過しても領空侵犯とは見なされない。一〇〇キロがどれくらいの高度なのかを知るために、地球大気の構造を簡単に説明しよう。まず飛行機が飛び、気象現象が起きるのが地上一〇キロくらいまでの対流圏と呼ばれる層である。その上空五〇キロくらいまでは成層圏と呼ばれ、太陽からの有害な紫外線を吸収してくれるオゾン層がある。ここまでは気球でも行くことができる。成層圏の上、八五キロくらいまでを中間圏と呼ぶ。宇宙空間から地球大気に突入してきたチリが流れ星となって光るのはこの辺りの高度である。中間圏の上、六〇〇キロくらいまでを電離圏と呼ぶ。右の定義に従えば大雑把にいって電離圏から上が「宇宙」である。しかし電離圏は地球の「大気圏」の一部でもあり、太陽からの紫外線などで一部が電離（正の電荷を帯びたイオンと負の電荷を帯びた電子に分かれること）した希薄な大気がある。電離圏の上（この辺りから「上」より「外側」という方がしっくりくるようになる）、地球磁場の影響範囲内にある空間を磁気圏と呼ぶ。磁気圏の外側は太陽から超音速で流れ出るガス、太陽風に満たされている。太陽風は冥王星の軌道よりもはるか先、太陽から二〇〇億キロほど先で銀河系を満たす恒星間ガスと衝突する。太陽風の届くこの領域を太陽圏と呼ぶ。なおこれらの領域は物理的性質の違いで分けられており、境目となる高度の数字はあくまで目安である。

次にこの宇宙を使って人類が今何をしているのか、具体的な中身を見てみよう。

## 安全保障利用

宇宙開発はその始まりから第二次世界大戦後のアメリカとソ連の軍事競争そのものであった。偵察衛星や大陸間弾道ミサイルといった直接的な軍事利用だけでなく、科学技術における優位性を示すという象徴的な意味もある。日本は非軍事に限って宇宙開発を進めてきた、きわめて例外的な国であるが、二〇〇八年に制定された宇宙基本法には宇宙開発の目的として「国際社会の平和・安全の確保、我が国の安全保障に資する」ことが明記され、安全保障分野の利用に本格的に乗り出すことになった。この背景の一つに、衛星通信や衛星測位、衛星による地球観測画像などの民生分野の利用が進み、いわば宇宙利用がコモディティ化してきたことがある。諸外国の地球観測衛星は安全保障目的と民生利用目的を兼ねたデュアルユースが進んでいる。

### 衛星測位

衛星測位とは、複数の衛星からの信号を受信することで受信者の位置を知るシステムで、代表的なものがＧＰＳ（Global Positioning System）である。ＧＰＳの実体は約三〇機の人工衛星群であり、もともとはアメリカ政府が軍事用に開発したシステムだが、信号の一部が民間や他国も利用できるかたちで開放され、現在では航空機、船舶の運行、カーナビゲーション、パーソナルナビゲーションなど幅広い民生分野で利用される社会インフラとなっている。このような社会インフラをアメリカに依存することを問題視して、ロシア、欧州、中国などは独自の全球的衛星測位システムを構築しようとしている。これには巨額の費用を要するため、日本は当面は地球全体をカバーする独自のシステムを保有せず、アメリカのＧＰＳを補完・補強するかたちで日本近辺の超高精度衛星測位を行うシステムの開発・運用を行っている。

### 通信・放送

人工衛星を用いた通信・放送は、宇宙利用のなかで最も産業化が進んだ分野で、民間企業がビジネスとして衛星を打ち上げ、保持運用している。衛星による通信は地震や津波などで地上のインフラが被害を受けたときにも利用できるため、防災上の利点があるほか、地上インフラの整っていない地域にも需要がある。

## 地球観測

衛星による地球観測は広い範囲を一度に見ることができるという利点があり、安全保障（偵察）以外にもさまざまな目的で利用されている。一般にもなじみ深いのは気象衛星だろう。このほか温暖化ガスや海面温度などの全地球的な環境監視、洪水や山火事などの災害の監視、農林水産業、資源探査などの分野で利用されている。近年、グーグルマップ（Google map）などで一般の人が衛星写真を目にする機会も増えてきているが、民間企業から購入できる衛星写真でも解像度が一メートルを切るものが出てきており、プライバシー保護の問題なども生じつつある。

## 有人活動

宇宙空間における人間の長期滞在はソ連が先行しており、一九八〇年代にアメリカを中心とする西側諸国がソ連に対抗する宇宙ステーションの建設を計画した。しかし冷戦の終結とソ連の崩壊を受け、ロシアと西側が協力するかたちで現在軌道上にある国際宇宙ステーション（International Space Station：ＩＳＳ）計画が作られ、一九九八年に建設を開始して二〇一一年に完成した。ＩＳＳにはアメリカ、ロシア、欧州、日本、カナダの五カ国・地域が参加しており、常時三人から六人の宇宙飛行士が滞在して、微小重力など宇宙空間の特性を利用した科学実験などを行っている。近年は中国が有人宇宙開発に力を入れており、二〇〇三年に「神舟五号」によって、ソ連、米国に続いて有人宇宙飛行を成功させた三番目の国となった。日本はＩＳＳに実験棟「きぼう」を保有し、またＩＳＳへ物資を運ぶ無人補給船「こうのとり」を開発運用しているが、人を宇宙に運ぶことのできる有人宇宙輸送機は保有しておらず、本格的な開発にも着手していない。ＩＳＳの運用は二〇二〇年で終了することが予定されており（注：二〇一四年一月にアメリカは二〇二四年までＩＳＳの運用を延長する計画を発表した）、ＩＳＳの終了後、アメリカは小惑星、そして火星への有人探査を行うとしているが、二〇一四年初頭の時点で日本はＩＳＳ後の具体的な有人宇宙活動の計画を持っていない。

### 宇宙科学・探査

厳密な定義はないが、主に学術的な目的でなされる宇宙に関連した科学研究を総称して宇宙科学と呼び、天体や宇宙そのものを対象とした天文学、地球惑星科学、宇宙へ行ってそこを利用するための宇宙工学、比較的新しい分野である宇宙生物学、宇宙医学などその内容は多岐にわたる。学術的な研究よりも「未知の場所へ行って調べる」側面を強調するときには宇宙探査という言葉が使われる。日本は科学・探査の分野において、アメリカや欧州に比べて規模は小さいながら優れた成果を上げていると世界的に高い評価を受けている。なお人間が地球外へ送り出した物体のうち地球から最も遠く離れたのは一九七七年に打ち上げられた米国の探査機ボイジャー一号で、二〇一三年九月に太陽圏を脱したとされている。

### そのほか

観光目的の宇宙旅行は、ロシアがＩＳＳへ観光目的の民間人を連れていった例がいくつかある。現在、弾道飛行（地球周回軌道に乗らずに地表へ戻ってくること）で数分間宇宙空間に滞在できる観光宇宙旅行を計画している民間企業があり、すでに予約を受け付けているが、まだ実際の飛行にはいたっていない。近い将来に民間企業による宇宙観光旅行がどれほど普及するかはわからないが、少なくとも一定数は行われる可能性が高い。また将来的な宇宙利用の可能性として、宇宙空間の弾道飛行による地球上二点間の高速輸送、夜や天気の影響がないという利点を活かした宇宙空間での太陽光発電、月面での天体観測、小惑星での資源開発などが研究されている。

無人の人工衛星による宇宙利用は文明社会に欠かせないインフラと化しており、当面は世界的に拡大が続くと予想される。宇宙の姿を明らかにする科学や太陽系内の探査は、先進諸国の財政難のため近い将来に予算が大きく増えることはありそうにないが、それでも今後も新しい知見をもたらし続けるだろう。有人活動に関しては無人の宇宙利用に比べても費用に見合う科学・経済・軍事的成果が出ていないという批判が多い一方で、中国や民間の存在感が増してきている。宇宙開発利用全般にいえることだが、かつて限られた先進国が国家プロジェクトとして行うものであった宇宙開発利用は、新興国や民間へとプレーヤーが拡大、多様化しつつある。急速に変化しつつある宇宙開発利用をめぐる国際的な状況は鈴木（二〇一〇）にくわしい。

## 3　宇宙史のなかの人類

次に視点を大きく広げて、宇宙の歴史のなかでの人類の位置づけを概観し、それがどのような人類学的な問いにつながるかを考えてみたい。

宇宙科学的に「われわれはどこから来たのか?」を考えるとき、その出発点は今から一三八億年前とされるこの宇宙の始まりに置くべきだろう。宇宙の始まりについてはまだわからないことが多いが、現在の理論では「無」から生まれたと考えられている。日常的な感覚では理解しづらいが、「無」といってもそこには「ゆらぎ」があり、素粒子が生成と消滅を繰り返している。われわれの宇宙はこのゆらぎ状態から誕生し、インフレーションと呼ばれる急激な膨張を経て、誕生から$10^{-34}$秒ほどで「真空の相転移」と呼ばれる現象により莫大なエネルギーが解放された。これがいわゆるビッグバンである。

多くの物理学者や天文学者を魅了する初期宇宙の姿は、ある見方をすれば単純で退屈な世界だったということもできる。まず物質（元素）は水素とヘリウム、それにごく微量のリチウムとベリリウムしかなく、今のわれわれを形作っている元素のほとんどは存在していなかった。最初は星も銀河もなく、水素とヘリウムのガスが宇宙全体にほぼ一様に存在しているだけで、どこに行っても同じような風景しかない。しかしこの退屈でのっぺりとした宇宙にも、よく見ると風景の変化があった。それはガスの濃さのごくわずかなムラムラである。このムラムラがすべての始まりであり、ムラムラがなければ人類は存在しなかったはずである（このムラムラの起源は宇宙が生まれる前にあった「ゆらぎ」である）。ガスの濃い場所には自己重力でガスがさらに集まり、ガスが薄い場所はどんどん希薄になってゆく。集まったガスはやがて銀河になり、そのなかで星ができ、あいだにはきわめて希薄で広大な空間が広がる。こうして単調だった宇宙の風景は、今われわれが夜空を見上げて見ているような、より複雑で変化に富んだものになる。

ガスが集まってできた星の内部は非常に温度が高くなり、やがてその中心部で核融合が点火する。これにより大量のエネルギーが解放されて星は明るく輝き、同時に星の内部では炭素、酸素、鉄など、地球のような岩石惑星や生命の材料となりうるさまざまな元素が合成される。やがて星は寿命を迎えるが、その際質量の大きい巨大な星は超新星爆発という大爆発を起こすことにより、太陽のように比較的軽い星はもう少し地味にガスが流れ出て崩壊することにより、星のなかで合成した元素を宇宙空間にまき散らす。この過程が何度か繰り返されて宇宙にさまざまな元素が増えてくると、新しい星ができるときにその周りには岩石や水（氷）でできた惑星ができるようになる（正確には星の内部だけではなく、軽い星が死んだ後にできる白色矮星に降り積もったガスが暴走的に核融合を起こすIa型と呼ばれる超新星爆発も宇宙の元素合成に寄与している）。

このようにして今から約四六億年前に生まれた太陽系には、岩石の地面と液体の水、そしてやがて人類へと進化するはずの生命の材料となる物質があった。近年の天文学は太陽系以外の恒星にも惑星が普遍的に存在することを明らかにし、地球と似た環境にあると見られる惑星も見つかり出している。液体の水と地球型生命を作るのに必要な材料がある惑星は、この宇宙に文字通り星の数ほどあることは間違いないと天文学者たちは考えている。

だが、適切な環境と材料が与えられたときに生命が生まれる確率や、それが少なくとも人類と同程度の知的能力を獲得する確率がどれほどあるかという問いに対して、科学はまだ実証的な知見を出すことができていない。われわれがこの宇宙で奇跡のような確率で生まれた孤独な存在なのか、それともごくありふれた存在の一つなのかは、まだわからないのである。海外旅行に行って見慣れぬ昆虫の巣を見つけたとき、人はどう反応するだろうか。特別昆虫好きでもなければ、「ああ、なんか虫がいる」と一瞥をくれるだけで素通りする人が大半だろう。もしかしたらわれわれはすでに銀河を旅する高等生命に発見されていて、しかし彼らはこのありふれた恒星系に住む特段見るべきところもない生命に一瞥をくれるだけで素通りしているのかもしれない。

ともかくも、われわれの太陽系では生命が誕生した。少なくとも今から三八億年前には原始的な生命が存在していたらしいことがわかっている。一番初期に誕生した生命（的なもの）にどれほどの種類があったのかは定かではないが、現在地球上で知られている生命はすべてDNAに共通部分を持っていることから、少なくとも現在まで生き延びている生命はすべて共通の祖先から誕生したと考えられている。誕生した生命はおよそ二〇億年かけて、今の人類の直接の祖先である、酸素を使って呼吸する真核生物へと進化した。その後約一〇億年で、複数の細胞が集まって一つの体を作る多細胞生物が出現し、生命はその体を大きくしてゆく。その約五億年後には硬い骨格や殻を持つ生物群が誕生しているが、これは異なる種間の食う食われるの攻防が激化したことを示唆している。そこからさらに約五億年後、今から約五〇〇万年前には人類の直接の祖先がアフリカで誕生し、二〇万年前に種として今の人類とほぼ同じ現生人類が誕生し、約五〇〇〇年前に文明を急速に発達させ、数百年前から科学技術を発達させ、半世紀ほど前に初めて宇宙へ行き、今にいたる。

地球と人類の起源に対するこのような宇宙科学の視点は、ある種の視点の逆転を引き起こす。「われわれ＝人類」を中心とした視点から、この宇宙・世界全体を理解する上で「われわれ＝人類」の占める役割は何かという視点への逆転である。

ここでもう一度レヴィ＝ストロースの言葉を引いておこう。

科学が進歩すると同時に、時空間のスケールの拡大によって、対象となる現象は人間の知的能力を超え、それを思考によって統御することはますます困難になっていくと、私たちは思い知らされています。この意味では、宇宙の歴史は私たち死すべき人間にとって、ある種の大いなる神話の相貌を帯びてきます。（中略）科学的思考と神話的思考は長いあいだ別の道をたどったのち、ふたたび相見える日がこないともかぎりません。

（レヴィ＝ストロース 二〇〇五：一二六頁）

科学が明らかにした宇宙の歴史を、われわれの来し方を語る神話的な物語として読むならば、それは偶然なのか必然なのか、あるいはある種の「意図」を伴うものかにかかわらず、この宇宙のなかに複雑さと多様性が増してきた物語だと読むことができる。だとすれば、人類が宇宙へと出てゆくことはこの文脈のなかでどのように位置づけられるだろうか。

序章において大村も述べているように、宇宙から見た地球の姿は人類がこの小さな惑星を共有する運命共同体であるという地球市民的な意識を醸成するのに大きな役割を果たした。『宇宙からの帰還』（立花 一九八五）でアポロ計画で月へ行った宇宙飛行士たちを取材している立花隆は、二〇一一年に筆者らが企画を担当して沖縄で開催したパネルディスカッションにおいて以下のように述べている。

宇宙飛行士の発言やメディアを通した地球の映像により、我々は当たり前のように「青い地球の姿」を共有した。この「青い地球の姿」を共有したこと、これがあの終わらないであろう米ソの冷戦を終結させた。我々の時代の人間は、あの冷戦は絶対に終わらないであろうと考えていた。しかし、宇宙飛行士が「宇宙からみると国境線はない」「地球は一つである」と実感し、我々に伝えたことにより、あの冷戦を終わらせたのである。「青い地球の姿」、これが人類にとっての共通体験となり、これが人類の宇宙進出における初めての意識変化となったのである。

（岩田 二〇一二：七三頁）

このような地球市民的意識は、環境問題や地域紛争などのグローバルな課題を解決するためにはきわめて重要であり、その意義は現代においても色あせないどころか、いっそう重要性を増しているといえるだろう。しかしそれが一方で経済活動のグローバル化とも相まって、文化や思想の均一化を促進し、多様性を減ずる結果を生んでいるようにも見える。これは、複雑さと多様性を増してきた宇宙の歴史＝われわれの物語に――むろん、それはわれわれがこれからどうするべきかという価値観とは独立したものであるにせよ――反しているようにも見える。だがこの状況は、人類にとって地球が唯一の居住地であり宇宙は一時的に滞在する場所に留まっている現状から、地球外を半恒久的な棲家とする人類が出現する時代になれば変わるかもしれない（立花隆（二〇〇七）は前者を「宇宙両生類」、後者を「宇宙人」と呼び、「人類よ、宇宙人になれ」と呼びかけている）。

グローバル化とそれに伴う文化や思想の均一化の促進には、技術の進展によって移動と通信がより速く、容易になったことが大きく寄与している。通信技術の発達が画一化と中央集権化を促進したことは、バートランド・ラッセルが科学技術の進歩が人類に与える影響を考察した著書『イカロス』のなかですでに指摘している（Russel 2005）。電信技術が登場する前の時代には、中央政府の支配下にある各地域は、統治者は中央政府が任命するかたちを取りつつも高度な自治権を持っていることが多かったし、母国からの指令を待たずに判断を迫られることが多かった外国駐在大使には、今より大きな権限が与えられていた。ある程度の通信と往来が可能でなければ中央集権的な統治はできないし、文化や思想も伝播の仮定で変化してしまい、離れた地域や文化はお互いに影響を与えつつも全体が均一化してしまうことはない。

だとすれば、地球外社会と地球社会間の距離と往来の困難さは、人類が新たな多様性を育む機会を与えるのではないだろうか。レヴィ＝ストロースはこうも述べている。

創造活動が盛んだった時代は、コミュニケーションが、離れた相手に刺激を与える程度に発達した時代であり、それがあまりにも頻繁で迅速になり、個人にとっても集団にとってもなくてはならない障害が減って、交流が容易になり、相互の多様性を相殺してしまうことがなかった時代である。

（レヴィ＝ストロース 一九八八：三四頁）

もし地球外に人類の定住社会ができたとすれば、そこと地球とのあいだには何らかの物資や情報のやりとりはあるだろう。だが、たとえば火星への旅客や物資の輸送は片道少なくとも数ヵ月の時間がかかり、電磁波を利用した通信ですら片道数分かかる。宇宙放射線や重力環境の違いなども、ひんぱんな往来を困難にする要因である。ある程度のコミュニケーションはあるがそれが容易すぎて多様性を相殺してしまうことのない状態がそこで実現される。

また人類の移住は食料や微生物などの分解者としてさまざまな生命の移住も伴うはずである。地球とは極端に異なると予想される移住先の環境は、長い年月をかけて（あるいは生命工学の力を借りればきわめて短期間に）、地球とは異なる種の生命（あるいは人類）を生むことになるだろう。人類の視点を離れて宇宙の観察者としての視点から見れば、人類と生命が地球外へと生存圏を拡げることは、この宇宙がより多様で複雑で「面白く」なることのように映る。

だが宇宙進出がもたらすこの多様性が人類にとって歓迎すべき善いことだと言い切ることはできない。一般的に多様性は変化に対するレジリエンス（抵抗力・復元力）を増し、ある集団が生き延びる可能性を増すとされているが、ただ多様で複雑だからといってそれが必ずしも変化に対する安定性を増すとは限らないことは、生態系の数理モデルでも示されている（May 2001）。ましてそれがその時代の人「類」を構成する一人一人の人間の幸福につながるかどうかは、まったく別の問題である。レヴィ＝ストロースは、彼のいうところの創造性をもたらす多様性が、同時に人類にとってきわめて厳しいものであることを以下のように表現している。人類の宇宙への移住は、たとえそれが実現したとしても、バラ色の未来というわけにはいかなそうだ。


おそらく私たちは、平等と博愛がいつの日にかヒトのあいだに、多様性をそこなうことなく実現されるという夢を描いているのだろう。しかし、人類が、かつて創造し得た価値のみの不毛な消費者となり、亜流の作品と粗雑で幼稚な発明だけを生み出すことに甘んじたくないならば、人類は、真の創造が、異なった価値観からの呼びかけに対するある意味の聴力障害を想定し、それが異なった価値観の拒否、あるいはその否定にまでもつながるものであることを、学びなおさなければならない。

（レヴィ＝ストロース　一九八八：三四頁）

## 4　宇宙へ行くのはどのような人々か

物理学者のフリーマン・ダイソンは、宇宙と人類の未来を科学的に考察した希有の人であるが、その自伝的著書『宇宙をかき乱すべきか』において、未来の宇宙植民とヨーロッパから北アメリカへの移民の比較を行っている。ダイソンは、ピルグリム・ファーザーズを乗せたメイフラワー号（一六二〇年）、モルモン教徒（一八四七年）、ラグランジュポイントに置く一万人収容の宇宙コロニー、そして二〇人程度の小集団による小惑星への自営入植の四つの遠征について、かかった経費が移民に参加する一家族当たりにして当時の平均年収何年分に相当するかを概算した。モルモン教徒の遠征が一家族当たり年収二年半分で実現したのに対し、メイフラワー号では年収七年半分かかっている。平均的な中産階級の家族にとって年収二年半分は生涯一度の買い物として可能な金額であるが、七年半分はなかなか困難である。それゆえモルモン教徒に比べメイフラワー号は投資家からの借金の返済に苦しんだとされる（表1）。

これが未来の宇宙植民ではどうなるかというと、巨大宇宙コロニーは年収一五〇〇年分、小惑星への小規模植民は年収六年分という数字が出ている。未来に起きるこれらのイベントの経費見積もりはきわめて不確定要素が多く、ダイソン自身が希望的な見積もりだとしているが、少なくとも巨大宇宙コロ

表1　フリーマン・ダイソンによる比較

| | メイフラワー号 | モルモン教徒 | 巨大宇宙コロニー | 小惑星への移住 |
|---|---|---|---|---|
| 年代 | 1620年 | 1847年 | 2――? 年 | 2――? 年 |
| 移民数 | 103人 | 1,891人 | 1万人 | 23人 |
| 積荷 | 180トン | 3,500トン | 360万トン | 50トン |
| 経費* | 600万ドル | 1,500万ドル | 1,000億ドル | 100万ドル |
| 積荷1ポンドあたりの費用 | 15ドル | 2ドル | 13ドル | 10ドル |
| 平均年収の何年分か | 7.5年分 | 2.5年分 | 1,500年分 | 6年分 |

（*1975年の米ドルに換算）

ニーが私的冒険ではありえず、国家レベルのプロジェクトとせざるをえないことは分かる。一方で小惑星への小規模移民は、強い意思を持ち危険を顧みない少数の集団が、自らの意思で実行に移すことが可能になる日が来ることを予感させる数字である。

物理学者によるこの単純な比較は、歴史上の出来事のある側面を取り出して未来へ投影してみたにすぎないが、人類の宇宙進出について考える際の一つの切り口を与える。二節で述べたように、日本を含む宇宙先進国の多くが厳しい財政事情を抱え、多額のコストがかかるわりにその経済的、安全保障的な意義が明確でない宇宙開発利用を正当化することが難しくなってきている一方で、新興国や民間主導の宇宙開発がさかんになってきている。このことと、王侯貴族がサポートした探検家たちによる大航海時代を経てピルグリム・ファーザーズやモルモン教徒の移民が実現したこと、そしてダイソンの比較を合わせて考えれば、宇宙開発利用、とくに宇宙への将来的な移住を志向した有人活動の主要なプレーヤーが、ＮＡＳＡやＪＡＸＡのような政府機関から国家の論理とは独立した個人や集団へとシフトしてゆく未来を想起させる。

実際に「マーズ・ワン（MARS ONE）」という民間の団体が二〇

二〇年代半ばに火星に人を送り、そこで居住を開始するとして資金集めなどの活動を始めていて、注目を集めている。彼らは「片道切符」、つまり火星に移住した後に地球に戻ってくることを前提としないことで技術面でもコスト面でも実現性が大幅に増すという戦略をとっているが、これは民主国家の政府プロジェクトではありえない戦略だろう。実現性はともかくとしても、そのようなことを言い出して何らかの行動に移す集団が現れたこと自体が興味深い現象である。

人類が宇宙へ出てゆくことは、しばしば海で生まれた生命の陸上への進出や、出アフリカを果たした人類が生存圏を拡げて地球上の隅々まで行き渡ったことの延長として語られる。生存圏を拡げることが生命や人類の基本的な性質であると自然科学的な手法で実証的に示すのはなかなか困難であるように思われるが、立花隆と宇宙飛行士との対談録（立花 二〇〇七）にもそのような記述が繰り返し出てくる。それはボーヴォワールの『人間について』の冒頭、エピロスの王ピリュウスと側近の賢者シネアスの対話を思い起こさせる。

一日、ピリュウスは、外征の計画をたてて、「まず手始めにギリシアを征服しよう」と言われたそうです。そこで、シネアスが、「では、その次には?」と、訊ねたところ、「アフリカを手に入れよう」――「アフリカの次には?」――「アジアに渡って、中央アジアを、アラビアを侵略しよう」――「では、その次には?」――「インドまで行こう」――「インドの次には?」――「ああ!」と、ピリュウスは嘆息をもらして、「休息いたそう」――「なぜ?」と、シネアスは言いました。「今すぐ休息なさらないのですか?」

（ボーヴォワール 一九五五：七頁）

たとえこれが少なからぬ割合の人間の性質を言い当てているとしても、それは人類がどうする「べき」かという価値判断を与えるものではないし、それだけで税金を使った宇宙開発の正当化に使うことはできない。人間を構成員とする集団は自らの判断で「地球の外には出ない」という選択肢を取ることができるし、実際そういう選択肢を望む人は多いだろう。したがって有人宇宙開発を行っている多くの国では、それが経済や科学技術を通して自国民の生活にどう役立つのかという説明に苦心している（そして残念ながら大成功を収めているとは言い難い）。

だが人類がそのなかに一定の多様性を保持していて（もってまわった言い方だが、つまりいろいろな人がいて）、入手可能な手段が存在していれば、合理的とは思えない選択でも宇宙へ行くという人は現れるだろう。先述のマーズ・ワンは片道切符で火星へゆく宇宙飛行士を全世界から公募しており、二〇一三年に締め切られた最初の公募には二〇万人もの応募があったと発表されている。このなかのどれほどが本気で地球を捨ててもよいと思っているのかは分からない。しかし、もし宇宙へ行く人々の集団の大多数が地球を捨ててもよい、地球にいたくない、新しい世界へ行きたいと考えている人々から成るのであれば、その人々が宇宙で創る新しい社会は、前節で述べた距離がもたらすコミュニケーションの困難さと相まって、地球に残った社会とはいっそう異質な、場合によっては反地球的な思想を持つものになるだろう。

ところで最初の移民団をそのような「変人」たちが先導するとしても、その後にそれなりの数の移民が続き、社会と呼べるほどのものが準定常的に存在するようになるには、やはり経済的な合理性が必須だと思われる。地球外社会の主要産業となりうるのは何だろうか。クリーンな核融合の燃料となるヘリウム3やレアメタルなどの貴重な鉱物資源を月面あるいは小惑星から採掘するというアイディアは昔からあり、実際に米国では小惑星資源探査の会社もできている。宇宙輸送のコストが劇的に下がればこれらの可能性もあるかもしれないが、どれほど見込みがあるのかは現時点ではよく分からない（見込みが大きければすでに多くの人が投資しているだろう）。科学・探査はそれだけでは産業になりにくいし、観光が産業となるにはある程度の行きやすさが必要だから、地球周回軌道や月程度であればありうるかもしれないが、これまで論じてきたような「多様性の源となるくらい遠くて異質な世界」にはそもそも当てはまらない。

この問題に対しても、ダイソンは興味深い考察をしている。やや長いので重要な部分だけ抜き出して引用する。

初期のアメリカ植民者たちがアメリカについて知っていたことは、今日われわれが小惑星について知っていることと同じくらい少なかったし（引用者注：これはちょっと言い過ぎな気はする）、彼らの経済的期待はほとんど常にまちがっていた。最初のバージニア入植者たちは黄金をみつけるつもりだったが、タバコの輸出で産をなした。マサチューセッツに入植したピルグリムズ・ファーザーズは主に漁業で生活するつもりだったが、農業と毛皮貿易で生活するようになった。（中略）私は自分の友人の範囲内に、小惑星入植者の経済問題にいくらかの光を投じるかもしれない入植の企ての実例を見ている。私の友人である一人の青年とその妻は、北太平洋の無人島に定着した。（中略）この入植地はたいていの点で経済的に自給自足だった。しかし、自分たちでは作れず輸入せねばならない必需品が二、三種類あった。（中略）彼らが輸出用に生産できる最も好都合な換金作物は何か？（中略）私の友人は、何回も誤った試みをした後にやっと偶然答えをみつけた。その答えは、純系のローデシアン・リッジバック犬の仔犬だった。この犬はその島で増殖させるのが容易だった。混交の恐れがまったくないので柵で囲う必要がなかった。（中略）しかも、この仔犬はバンクーバーの愛犬家たちに一四二〇〇ドルで売れた。

小惑星入植者の経済問題は、同様な仕方で、地域的な好条件をうまく利用する換金作物をみつけることによって解決されるにちがいない。（中略）小惑星植民地に適した換金作物は、特殊な植物栽培と動物飼育の産物である場合が多いように思われる。（中略）たいていの植民地は、他所には稀かまったく存在しない種類の植物と動物を所有することになろう。北太平洋の島におけるのと同様、個々の小惑星は他から隔離されているから純系の血統の維持にとって理想的な環境を与えてくれる。そしてどの植民地も、腕利きの鍛冶屋だけでなく遺伝子工学の専門家を擁することになりそうである。

（ダイソン　一九九〇：三五一―三五三頁）

地球が嫌になって飛び出していった人々が、遺伝子工学を駆使して地球では作れない、あるいは作ることが許されない生命、食料やさまざまな製品の材料を換金作物として生産し、暮らしている社会。そんな社会が遠く離れてはいるが行けなくないこともない場所に存在していたら、地球に残った人々が感じるのは人類の進歩に対する誇りと喜びだろうか。それとも恐怖？

## 5　グロテスクな希望

宇宙開発はしばしば「夢」や「希望」といった言葉で語られる。国際宇宙ステーションの日本実験棟の名称が「きぼう」であるのは（「ひかり」より速い列車の名前が「のぞみ」であるのと合わせて）象徴的だ。実際、宇宙基本法の第五条で「宇宙開発利用は、宇宙に係る知識の集積が人類にとっての知的資産であることにかんがみ、先端的な宇宙開発利用の推進及び宇宙科学の振興等により、人類の宇宙への夢の実現及び人類社会の発展に資するよう行われなければならない」と定められており、どうやら「夢の実現」は国が定めた宇宙開発利用の目的の一つであるようだ。もっとも、それがどのような夢であるかは定められていない。もちろん宇宙基本法に掲げられている宇宙開発の目的は夢の実現だけではないし、さまざまなかたちで「役に立つ」宇宙利用がなされていることはすでに述べた。

そもそも宇宙の夢や希望とは何だろうか。著書『絶望の国の幸福な若者たち』（二〇一一）において、将来に希望を持ちにくいといわれる現代の日本社会で自分が幸福だと答える若者の割合が過去最高の七割にものぼる理由を、希望が持てないからこそ現状に満足して身近な幸せを見いだすためだと論じた社会学者の古市憲寿は、「なんで宇宙なんて行くの？」と題した記事のなかで次のように述べている。

ロマンは、僕たちの胸を高鳴らせる。だけどロマンで社会問題は解決しない。「これだけ困っている人がいる時代、なんで宇宙なんて行くの」と聞かれた時に、堂々と返せる答えを僕は持ち合わせていない。（中略）

科学技術がどこまでも進歩するというのは、すこぶる近代的な発想だ。今日よりも明日がよくなるという時代の発想だ。もはやそんな前提を共有できない時代、かつてフロンティアであったはずの宇宙は、時代遅れなものになりつつある。

（古市 二〇一二：二三九頁）

小惑星探査機「はやぶさ」の帰還に多くの人が感動を覚えたように、宇宙には少なくとも少なからぬ人に夢＝ロマンを感じさせる何かがあるようだ。もっとも人々に感動をもたらしたのは宇宙そのものではなく、困難なプロジェクトを遂行した人間と擬人化された探査機の「物語」であるようにも思える。そこにはわくわくするような夢やロマンはあっても、今日よりも明日がよくなるという未来への「希望」を人々にもたらしてはいないのだろうか？

筆者は、宇宙には人類にとっての希望があると考える。ただしそれは、よりよい明日が待っているというバラ色の希望ではないし、絶滅の危機に瀕した人類が生存への一縷の可能性を見出す希望でもない。もっとグロテスクな希望だ。

第四章で佐藤も述べているように、宇宙という地球とは極端に異なる環境への長期滞在は、人間の身体にも精神にもさまざまな変容（適応ということもできる）をもたらす。第三章で木村が論じているような、コミュニケーションができるかどうかすら分からない究極の他者である宇宙人の姿は、地球外へと出ていったわれわれ人類の姿かもしれない。そして本章でダイソンやレヴィ＝ストロースを参照しながら論じてきたように、宇宙に広がる人類（から派生した）社会は地球上では実現しえなかった多様性をもたらしてくれるだろう。それは「離見の見」、あるいは宇宙におけるわれわれ＝人類の役割という視点から見れば、ゆりかごである地球を出た人類が、この宇宙をより複雑で、多様で、面白い宇宙へと能動的に変えること、ダイソンの言葉を借りれば「宇宙をかき乱す」こととして見ることができる。時間的にも空間的にも有限のこの宇宙で人類が生きて活動する意味を与えてくれるという意味で、それは一つの希望である。

しかし、それはその時代を生きる個々の人間にとっての幸福を意味するとは限らない。今のわれわれには受容しがたい、あるいは理解すらできないほど変わってしまった多様な人類文明が宇宙へ広がった時代に人類が見るのは、生物学者のJ・B・S・ホールデン（Haldane 1927）が「われわれが想像するより奇妙どころか、われわれが想像できるより奇妙」と形容したような自分自身の姿だろう。それは宇宙視点から見れば多様で豊穣な宇宙への進化であったとしても、人間視点から見れば不気味で恐ろしい未来の到来である。その意味で、宇宙進出は人類にとってグロテスクな希望である。

一人の天文学者である筆者にとって、人類がこの宇宙をかき乱してより面白い場所にしてゆくのを見てみたいという好奇心は抑えがたい。しかし自分と同時代の人々や、顔が想像できるくらい、せいぜい数世代先の子孫たちにとってそれがよい選択であると言い切る自信はない。宇宙視点と人間視点がもたらすこのアンビバレンスを、生態学者であり人類学者でもある今西錦司の言葉を借りて表現しよう。読者はどう感じるだろうか。

私なんかは、自分の一生については自然が破壊されていくのを悲しんだりしている。けれども人類の一生を考えたらサイボーグでもなんでもいいから、もっと発展してほしいという気持ちになるね。

（梅棹・小長谷 二〇一二：八五頁）

## 6　宇宙人類学への期待

最後に人類学の外から宇宙人類学という新しい挑戦に参画した者として、宇宙人類学へ期待することをまとめて本章を終わりたい。

まずは宇宙開発利用推進のために人類学がどう貢献できるかという観点である。すでに述べたように宇宙開発利用をめぐる状況は急速に変化しており、宇宙は限られた先進国のみがアクセスできる場所から、新興国や民間など多様なプレイヤーがさまざまな目的で活動する場になってきた。それに伴い、人類学を含む人文・社会科学的検討が必要となるような新たな社会的問題も生じつつある。また科学・経済・軍事的なメリットが必ずしも明確でない有人宇宙活動はその意義が厳しく問われている。人類が宇宙へ行くことの意義を人類学の視点から検討することは、有人宇宙活動の是非や進め方の検討に資することができるはずである。もちろんその結果が「やっぱり宇宙になんか行かない方がいい」となる可能性もあるだろう。

また人類学の発展のために宇宙が役立ちうるという観点もある。国際宇宙ステーションにおける科学実験は、微小重力や宇宙放射線といった地上とは異なる環境を利用して、そこでしか現れない物質や生命の性質を探ることを主な目的としている。その観点からすれば、人類が宇宙へ行ってそこで活動することは、「われわれは何者であるか」を探る人類学にとっての壮大な実験と見なすこともできるだろう。宇宙という新しいフィールドを利用してそこで初めて顕現する人類の未知なる性質を明らかにする機会を逃すべきではない。これからの有人宇宙活動では、物理学や生命科学と同様に、人類学に関する学術的な知見を得ることも明確な目的として設定するべきだと考える。

そして本章で中心的に議論してきた、宇宙とそこに生きる人類の長期的な未来に関する考察である。

アポロ一一号のニール・アームストロング船長が"one small step for man, one giant leap for mankind"と呼んだ月面での第一歩が、ビッグバンで始まった宇宙の歴史に人類が能動的に関与する最初の一歩だったとすれば、人類は今その二歩目をゆっくりと踏み出しつつあるのだろう。これがこの宇宙の歴史において画期的な出来事なのか、他の恒星系の生物によるありふれた営みに加わるに過ぎないのかはまだ分からないが、少なくとも人類とその子孫にとって一大事であることは間違いない。

人類はさまざまな技術と文化を手にすることで、さまざまな環境に適応するだけでなく、その環境を能動的に変えたり、あるいは作り出したりする能力を手にした。遠い将来、太陽系、そしてその外へと人類の子孫が拡散してゆくならば、いつかこの宇宙の物理的な有り様に影響を与える日が来るかもしれない。

人類は宇宙をかき乱すのか。我田引水を承知でいうならば、これは天文学者と人類学者こそが取り組むべき問題である。

## 参考文献


岩田陽子　二〇一二「宇宙時代の人間・社会・文化　Ⅳ教育学からのアプローチ」『宇宙航空研究開発機構研究開発報告』(JAXA–PR–11–006)。

梅棹忠夫著、小長谷有紀編　二〇一二『梅棹忠夫の「人類の未来」』勉誠出版。

鎌田東二　二〇一二「宇宙時代の人間・社会・文化　Ⅰ宗教哲学からのアプローチ」『宇宙航空研究開発機構研究開発報告』(JAXA–PR–11–006)。

鈴木一人　二〇一〇『宇宙開発と国際政治』岩波書店。

ダイソン、F　一九九〇『多様化世界』みすず書房。

ダイソン、F　二〇〇六『宇宙をかき乱すべきか』ちくま学芸文庫。

立花隆　一九八五『宇宙からの帰還』中公文庫。

立花隆　二〇〇七『宇宙を語るⅠ』中公文庫。

古市憲寿　二〇一一『絶望の国の幸福な若者たち』講談社。

古市憲寿　二〇一二「なんで宇宙なんて行くの？」『新潮』二〇一二年三月号。

ボーヴォワール、S　一九五五『人間について』新潮文庫。

レヴィ=ストロース、C　一九八八『はるかなる視線』みすず書房。

レヴィ=ストロース、C　二〇〇五『レヴィ=ストロース講義』平凡社。

Haldane, J. B. S. 1927 *Possible Worlds and other Essays*. Chatto & Windus.

May, R. 2001 *Stability and Complexity in Model Ecosystems*. Princeton University Press.

Russel, B. 2005 *ICARUS or the Future of Science*. Spokesman Books.

第2章

# 人類学のフィールドとしての宇宙

岡田浩樹

## 1　はじめに――「宇宙人類学」？

「宇宙人類学（Space Anthropology）」とはどのような研究分野なのだろうか。おそらく、多くの読者は、そもそも「宇宙（Space）」＋「人類学（Anthropology）」という言葉の組み合わせに、なにかしら違和感を覚えるに違いない。英語ならば、また別の組み合わせもあるかもしれない。たとえばCosmo-Anthropology あるいは Astro-Anthropology さらには Universe Anthropology なども考えられる。どれも日本語に翻訳すると「宇宙人類学」という訳語になってしまう。

そもそも、宇宙人類学は人類学の専門分野においても市民権を得ているのではない。それどころか、しばしば「宇宙人を対象にインタビューするのか」「宇宙でフィールドワークをするのか」などと、面と向かって揶揄されることすらある。筆者の大学院指導学生の一人すらも、「岡田先生はフィールドワークも人類学も放り出して宇宙に飛んでいってしまった」と嘆いていた。それほど、「宇宙」と「人類学」を合成語として結びつけることには、何かしら抵抗感や違和感がつきまとうのである。

一方、宇宙との組み合わせは、社会科学の分野においてはすでに一定の研究領域として確立されつつある。つまり法学、政策学、経済学、経営学の知見を活かした宇宙開発の現状、課題の分析であり、たとえば、鈴木一人の『宇宙開発と国際政治』（二〇一一）は、宇宙政策研究に関する政治学からのアプローチであり、「宇宙政治学」とも呼びうる優れた研究であるが、これは二〇一二年度のサントリー学芸賞を受賞するなど、学術的にも高い評価を受けている。人文社会科学の分野においても、すでに社会学の分野では、カナダを中心とした研究会（Astrosociology Research Institute: ARI）が活発に活動し、定期的なウェブ学術雑誌 "*Astrosociological Insight*" を発行している。

このように、宇宙については、さまざまな分野が注目しアプローチを試みているのに対し、奇妙なことに人類学からは、これまでそのような動きは顕著でなかった。人類学者は、他の人文社会科学の分野に比較すると、宇宙の問題に対する関心は弱く、むしろ違和感をもっているのではないかという印象すらある。

## 2　宇宙を想像しない人類学者

これまで宇宙は、古代の思想家は別として、近代以降は科学者が主に研究の対象としてきた領域であり続けたことは疑いもない。近代的な学問が成立する際に、科学と宗教の分離が起き、それ以前の民俗社会や神学がもっていた「世界観」「宇宙観」に科学的宇宙論が取って代わるにいたった。一方で人文科学は、宇宙から切り離された「世界」に対し実証的にアプローチすることで、客観的な学問分野としての基盤を築いてきたのである。ただし、この場合の「世界」とは、あくまでも人間が生活の場として直接に体験しうる知覚的経験の世界、いわゆる「生活世界（Lebenswelt）」に限定されてきたといえよう。

現象学の先駆者であるフッサールによれば、「生活世界」とはすべての人間に自明のものであり、その型式に関しても経験によってなじまれている世界のことであり、私たちが今、ここで生きている「世界」のことである。フッサールは、ここから科学の根源的基盤もこの生活世界にあるとし、科学的絶対客観主義に対する批判に向かうのであるが、本論ではこれについては深入りをしないでおきたい（フッサール 一九九五）。

ここで強調しておきたいのは、宇宙についての近代科学研究が成立する過程において、民俗的・宗教的宇宙観においては連続していた「宇宙」と「生活世界」が分離したことである。古代においては「宇宙」は「原初的混沌状態（カオス）」から移行した「秩序ある状態」を意味するとされ、哲学的あるいは宗教的な意味での宇宙観が成立していた。また古代ギリシアその他古代文明に見られたのは、宇宙を構成する元素に関する議論であり、この議論は近代の科学的宇宙構造論を経て、現在の天文学、宇宙物理学につながっている。ただし古代の宇宙観と近代科学とのあいだには決定的な断層がある。つまり、近代の科学的宇宙構造論においては、宇宙は「秩序ある状態」をア・プリオリに前提としておらず、今後ア・ポステリオリに解明すべき対象なのである。

したがって宇宙は科学者が研究する「未知の領域」であり、科学的知見を豊かにもたらすフィールドではあるものの、それは人間にとってもはや自明ではなく、直接に経験することができない「非生活世界」となった。一方、近代人文科学は科学としての基盤を構築するために、「生活世界」を実証的に研究すること、すなわちすべてを事実に還元し、そこから経験的・帰納的に普遍法則を見出すことを試みてきた。これはいわば疑似科学的アプローチといえるのであり、その視野からは「宇宙」が脱落することになる。

本論では、人類学の見地から「脱落」した宇宙を再び、その視野に収めることの可能性を検討する。本格的な宇宙開発時代を迎えようとしている今日、「宇宙」は再び人文科学的研究にとって重要な対象となっており、そしてまた豊かな思考をもたらす新しいフィールドである可能性がある。宇宙開発が今後、人類の「生活世界」の拡大をもたらすならば、宇宙に対する人文科学的知見は、文化や社会の要請に大きな影響を受ける科学技術の発展においても重要であると思われる。

では、なにゆえ多くの人類学者は、「宇宙」に関心を寄せてこなかったのであろうか。その背景の一つは、これまでの人類学の隠れた学問的営為の目的が近代西洋社会に成立した「生活世界」の普遍性に対する異議申し立てにあったことによる。人類学は、西洋社会とは異なる異文化を取り上げることにより、西洋中心の世界認識を相対化し、人間社会・文化の普遍的理解に貢献しようと努めてきた。いわば人類学は「地球規模」の視野を備えた人類社会・文化に関する総合的、包括的研究を目指してきたと同時に、ある種の隠れた参照枠、つまり西洋社会・文化、およびこれを基盤として成立した近代・近代性という参照枠を持つことを意味している。しかし今日、グローバル化という地球規模の社会・文化の変動が起きつつあり、その基盤の一部には宇宙開発技術がある。さらに、有人宇宙ステーションなど、人類が地球を超えた宇宙に進出するだけでなく、宇宙空間を含めた人類社会・文化の拡大の可能性すらある。人類学者は、従来の参照枠を超えた、この「未来的状況」に対し、有効な視点を提示するにはいたっていないのかもしれない。多くの人類学者にとって、宇宙とは、どこか遠くにある近代的な知の体系の産物に過ぎず、それよりも目前のフィールドで展開される「生活世界」の方が重要であったともいえよう。

また、宇宙に対し人類学者が関心を寄せてこなかったもう一つの理由は、その「包括的、統合的」な視点と、「比較」の視点という二つの「伝統的」な学問的視点に起因する。包括的、統合的視点とは、社会・文化を全体として観察し、その社会のすべての要素の組み合わせと、ある要素が他の要素との関連でどのような意味を持つかを検討することである。この観点からは、宇宙における社会・文化が存在していない現段階では、人類学のアプローチは有効ではないように見える。つまりシェルパを研究している人類学者でも、シェルパが登るエベレストそのものは自らのフィールドとしてみなさない。また、比較の観点とは、ある社会を他の社会と比較、対照することで検討し、両者のあいだに類似と差異を見出し、それらを説明することである。これもまた、宇宙というフィールドが、人類が生存する地球上のフィールドとあまりに異なり、人類の「生活世界」と呼ぶにはためらわれるために、これと比較・対照することによる通文化的な研究などありえない、と考えられてしまう理由である。

長らく人類学の基本的な研究アプローチとされてきた「フィールドワーク」「参与観察」および「民族誌的方法」の呪縛も、人類学者から宇宙というフィールドを遠ざけてしまう。つまり、宇宙という「現地のフィールド」で参与観察をしてこそ、「深い記述」を備えた民族誌が生み出されるのであるという考え方である。これによれば、宇宙人類学が成立するためには人類学者が宇宙船もしくは宇宙ステーションに滞在し、フィールドワークを行わないかぎり、それは「人類学ではない」ということになる。極端にいえば、もし宇宙人類学が成立するとすれば、それは「宇宙人」に対してフィールドワークを行うという荒唐無稽な話になりかねない。

## 3　宇宙開発と拡大する生活世界

人類の歴史において、「生活世界」の枠組みは不変ではない。人類の歴史は、知覚的経験の世界である「生活世界」が人々の実際の生活領域を超え、拡大し続けた歴史でもある。とくに近代化の過程では、人々の生活世界が共同体の枠組みを超え、社会や国家に拡大した。この時期に、近代的な社会学や政治学が成立し、また大航海時代を経て近代にいたると、地球上の多様な社会についての関心が共有され、多様な文化に関する知識が蓄積されるとともに人類学が成立した。このような「生活世界」の拡大が、それまでの思想、価値観、生活、社会、そして文化を大きく変化させたことは疑いもない。

今日、近代化が進展し、とくに市場経済が世界を覆うにつれて、私たちはグローバル化という歴史的転換点に直面しているといわれる。グローバル化は「地球化」「世界化」とも訳され、私たちの「生活世界」は地球規模に広がった、というよりも「広げさせられている」。一方で、グローバル化によって急速に拡大した「生活世界」は、もはやすべての人々にとって自明なものでなくなり、なじみがある世界でもなくなってきている。こうした今日の状況において、再び宇宙は人文科学そして人類学の対象になりつつある。今日のグローバル化を考える上で、宇宙はもはや私たちの「生活世界」と切り離された存在ではない。

そもそも学問の世界において人文科学の分野の対象として切り離された「宇宙」であるが、近代以前

（そして今日でも）人類は天体を含む宇宙空間の観察に基づいて、農業や航海、日常生活を秩序づける暦法、さらには占いにいたるまで、自らの活動に利用してきたのであり、それらは人類学において、重要な民族誌的資料の対象であった。近代社会においても、宇宙に関する科学的知識の深化は、文学や芸術の分野にもさまざまなインスピレーションを与え、とくに「未来社会」や「ユートピア」のイメージ形成に大きな影響を与えてきた。そして二〇世紀後半、人類社会は宇宙との具体的な関係を持ち、今日、宇宙自体を自らの活動の場としつつある段階といえよう。

人類学にとって重要な点は、今日の宇宙開発技術の方向性が、グローバル化に大きな影響を与えるだけでなく、グローバル化にいたる社会・文化的運動の延長上にあるという点である。

衛星テレビ放送によって、世界各地の情報をリアルタイムで見ることができるようになり、携帯電話やメールなどの利用が、現在の世界の変化に大きな影響を与えたことは疑いもない。「アラブの春」が最も劇的な例であるが、宇宙開発がもたらした技術革新が、コミュニケーションの様式、社会関係のあり方、さらには国家そのものを揺るがす事態にいたっている。今日起きているグローバル化に、宇宙開発技術がもたらしたモノやシステムが大きな影響を与えていることは疑いもない。一方で、より便利なシステムやモノを求める人々の欲望がさらなる技術革新を要請し、これに促されて宇宙開発が進展する可能性がある。

すなわち、人々がその活動を拡大させるために技術革新を促し、技術革新の結果、さらなる活動領域の拡大、そして「生活世界」の拡大が起きているといえよう。ただし、この現象は決して新しいものではない。一九世紀の産業革命の後、技術革新による交通通信手段の発達は、国境を越えた人間活動の拡大をもたらした。宇宙技術の発展はその延長上にあり、その技術によって国境を越えた人間活動のさらなる拡大がもたらされると同時に、その一部が（といっても、ごく少数にとどまるが）地球の範囲を超えて活動するようになったといえよう。

ここに近代が内包している矛盾が再現される可能性がある。近代の政治経済システムに応じて形成された国民国家は、同じく近代の技術革新によって、その国境を越えて移動する移民や移住者をもたらした。つまり近代は国家の存立を要請すると同時に、その範囲を越えていく存在も同時に生み出している。今日のグローバル化は、人々がさらに国境を越えて移動しコミュニケーションを図ることを可能にした。一方でこうした移動やコミュニケーションに大きく寄与した技術開発の基盤となった宇宙開発は、いまだ大きく近代の国民国家に依存しており、むしろ矛盾は深まりつつある。

グローバル化とは、単に経済の諸活動が国境を越えて劇的に増大し、国家間の相互依存が高くなっていることのみを意味しない。国民国家を枠組みとした社会・文化の領域が越境していき、NGOや企業活動など国民国家以外の役割が増大し、それらは国家を越えたネットワークを形成している。衛星通信技術を利用したテレビ放送や携帯電話による通話、インターネット、メールによる情報の獲得とコミュニケーションの拡大は、思想、情報、さらには社会的な活動や文化に不可逆的な変化をもたらしつつある。つまり宇宙開発技術はグローバル化を支え、これを促進しているのであり、このことによって人々の生活世界は拡大するとともに、拡大した生活世界がさらなるグローバル化を要請し、これを支える宇宙開発技術を求めると考えられる。

このように、グローバル化が地球上を覆いつつある今日、宇宙開発に直接関わったり、あるいは宇宙飛行士として宇宙に行ったりしないまでも、私たちの生活世界に宇宙は密接に関わりつつある。つまり、宇宙はもはや人々の生活世界と切り離された「未知の空間」ではない。そして「宇宙観光」など、すでに現実化しつつある一般の人々と宇宙との関わり、さらには、現在の宇宙開発の延長上として、資源獲得のための宇宙進出や宇宙産業の形成、「宇宙移住」といった問題を考える場合には、人文科学的なアプローチ、そして人類学のアプローチが有効であろう。

## 4　人文社会科学からの宇宙へのアプローチ

まず、広く人文社会科学の問題領域として宇宙を捉えた場合、「生活世界の延長」「生活世界の改編」「生活世界の創造」という三つのカテゴリーに区分してみたい。

第一のカテゴリーとして「生活世界の延長」というテーマ群や関連分野については、これまで人文社会科学が取り扱ってきたトピックの延長上に宇宙が設定される。宇宙観光や宇宙関連産業など新しいビジネスは、経済学や経営学のテーマとなりうる。また、宇宙開発に関する国家戦略の問題や宇宙空間の「領有権」の問題は政治学や法学、国際関係研究の対象である。また、宇宙開発によってもたらされる「地球」に対する知見は、いわゆる地域研究の拡大版として、環境問題や自然災害のリスク回避などの研究に有用であろう。その他、宇宙開発技術の副産物の高度な技術製品、さらには日常用品の開発なども考えうる。これらは現在の私たちの生活世界の延長上に要請される諸課題である。

第二のカテゴリーの「生活世界の改編」というテーマ群や関連分野は、比較的基礎的なテーマを取り扱うことになるであろう。すなわち、宇宙には「未知の領域」として現在の私たちの生活世界を拡大するだけでなく、生活世界そのものを根底から変えていくような変化をもたらす可能性がある。それは「生活世界」だけでなく、新しい世界観の構築であり、新しい価値観や新しい社会システム、新しい文化を生み出す可能性を秘めている。たとえば、「人間とは何か」という人文科学の究極の問い、あるいは宗教研究における「超自然的存在（神）」の問題であり、宇宙から得られるインスピレーションによって生み出される新しい芸術や表現なども、このカテゴリーに入る。

第三のカテゴリーは、第一のカテゴリーと第二のカテゴリーの中間にあたるといえるであろう。つまり、これまでの人文科学の知見を応用しつつ、基礎的なテーマを検討する。これは、いわば思考実験ともいえる。たとえば、宇宙コロニーを想定する場合、そこにどのような生活空間を造り上げるか、どのような社会システムを設定するかなど、一種の思考実験を行うものである。従来、人文科学の一般的傾向として、実証主義を重視する立場から、心理学などいくつかの分野において小規模の集団についての実験が行われることはあっても、共同体や社会レベルで、どのような共同体や社会が「創造」できるかが深く議論されることはなかった。人類にとっていかなる共同体や社会が望ましいかという問題であり、社会・文化の理想像を具体化するという点で、第二のカテゴリーに属するユートピア、イデオロギーといった根本的問題でもある。

これらの三つのカテゴリーの具体的問題を取り扱う際には、「現在」、あるいは今後の宇宙開発のどの時期にテーマを想定するかという時間軸を明確に区分しなければならないであろう。たとえば、第一のカテゴリーについて、現在の宇宙開発の状況、無人探査機による太陽系内での探査、そして軌道上の有人宇宙ステーションにおける少人数の滞在、大気圏境界付近までの「宇宙旅行」などの現状をふまえ、宇宙観光などの宇宙関連産業、宇宙ガバナンスの問題などが議論される。しかし、本格的に地球外に人類が一定期間居住する段階では、資源開発などの宇宙関連産業の問題、さらには宇宙ガバナンスの問題も異なってくる。さらに太陽系外への宇宙進出や、もっと長い時間的スパン、たとえば極端な設定では数万年から五〇億年後などの遠い未来を想定するかが問題となる。第二、第三のカテゴリーはこうした時間軸の設定がより重要になる。

加えて、空間軸の設定も必要となる。宇宙空間のどこでトピックを設定するのかが問題である。宇宙船の内部か、軌道上の宇宙ステーションにおいてか、あるいは地球外のスペーススペース、あるいは宇宙コロニーか。さらには宇宙と地球との関係を議論するのか、宇宙進出にともなう地球の変化、地上の私たちの生活空間の変化を議論するのかなど、宇宙空間のどの場所においてトピックを想定するのかは重要な問題である。

ここでは宇宙に関する人文科学のテーマの設定を三つのカテゴリー、そして具体的なトピックを検討する際の時間軸、空間軸の問題を取り上げた。ただし、実際のところ、時間軸と空間軸の設定は、別の軸が大きく影響することも指摘しておく必要がある。それは技術開発の進展のプロセスである。時間軸における「現在」とはクロノジカルな意味での「現在」ではなく、現段階での技術レベルにおいて、という含意がある。また、技術開発が急速に進展すれば、空間の設定の問題もこれに応じて変える必要が出てくる。ただし、技術発展のプロセスは、科学的発見や知識だけでなく、社会や文化がいかなる技術を優先的に開発することを求めるかによって異なる。社会的要請や文化的ビジョンが大きく作用するのであり、この点で、宇宙開発技術の発展のプロセスそれ自体も人文科学的研究の対象なのである。

## 5　宇宙人類学——人類学から宇宙へのアプローチ

人文科学の諸分野が宇宙研究に取り組む場合、いかなるトピック、テーマの設定がありうるのであろうか。一九世紀後半に新たな分野として人文社会科学に加わった人類学は、一般にアジア・アフリカなどの「未開社会」「前近代社会」を対象とし、フィールドワーク（現地での長期の参与観察）によって、それぞれの文化の論理を明らかにする研究分野とみなされている。最近の人類学は、欧米社会や移民の問題、あるいは医療や災害の問題など、現代社会の多様な問題を取り扱うようになってきており、必ずしも一九世紀や二〇世紀前半の人類学者がもっぱら取り扱ってきた「未開社会」や遠く離れた異文化を対象とするわけではない。このように人類学者の研究対象が変化してきた背景には、近代化が進展し、地球上のどのような場所も、閉じた社会でなく、外部とさまざまな相互関係を持っているようになったことがある。加えて、二一世紀になり、どのような地域・社会でもグローバル化の問題を考慮しないではいられなくなった現状がある。このような状況のなかで人類学は、個別文化の問題から文明論や文化間の問題に目を向けざるをえなくなった。

一方で、人類学は、対象やテーマが変化してきたものの、調査対象地における長期間のフィールドワーク、それも参与観察（participant observation）を主に経験的なデータを収集し、民族誌（ethnography）を作成することを基本的な研究アプローチとしてきた。これを本論文の内容に即していえば、人類学者は長期間の参与観察により、人々の「生活世界」を内側から理解しようと試みる。この意味で、人類学が宇宙研究を行うというのは、いささか奇異なように思えるかもしれない。すなわち、現段階では人類学者が長期間宇宙に滞在することは想定しにくいであろうし、そもそも宇宙空間には人類がほとんど居住していない、すなわち対象とすべき「社会」や「文化」が存在しないのである。

しかし、長期間のフィールドワークとそれに基づく民族誌の作成のみが人類学の学問的な営為ではない。そのように集められたデータや民族誌をもとに、異文化の理解を個別の文脈に照らしながら行い、最終的には文化の理論の一般化を試み、「人間の文化とは何か」を考察することに向かおうとする。この点で、特定の地域に関する情報や知識を集積し、その地域を理解しようという「地域研究」とは異なっている。

このような人類学の方向性には、学問分野として成立した歴史的経緯が大きく影響している。まず、その学問的出発点は、一五世紀から一七世紀までの西欧によるアジア、アフリカ、アメリカ「新大陸」への植民地的な海外進出、いわゆる「大航海時代」にある。ただし、「大航海時代」は英語では Age of Discovery ないしは Age of Exploration（大発見時代）であり、これは「地理上の発見」にその重点がある。この時期には、少数の例外を除いて異文化の理解に向かうことはなかった。文字通りの「発見」と「領有」に関心があったのであり、いわば探索の延長上に「発見」があったといえよう。それは異文化の発見と理解ではなく、また異文化を含めた「人間」の理解に向かったのでもなかった。

一七世紀から、一八世紀を経て、主権国家さらには国民国家の成立と市民社会の形成、産業革命による資本主義の成立を特徴とする近代に入ると、西欧社会から非西欧社会に向けるまなざしも変化した。

システマティックな植民地支配が開始され、および植民地への西欧人の移住も拡大し、西洋社会と非西洋社会との接触が増えた。ダーウィンの進化論に影響を受けた社会進化主義が流布し、啓蒙主義的思潮から、近代「文明社会」による「未開社会」研究が開始されることになる。

一九世紀の初期近代人類学には、一七世紀までにはなかった新しい観点があった。それは「人間の文化の領域」の拡大である。世界各地からもたらされるさまざまな異文化についての知識の増加は、「人間の文化の領域」の拡大を意味し、それはやがて「異文化の研究」から「人類文化」の研究へと向かうことになる。同時に、ヒューマニズムの思潮の影響を受け、人間と動物を区別し、動物とは区別される「人間」の研究、すなわち「人間学」が成立する。この際に両者を区別する指標の一つが「文化」であった。人類学はこうした近代の「異文化の発見」とそれによる「人間の文化の領域」の拡大の流れのなかで始まった学問分野である。

大航海時代から引き続く、探検、未知の大陸への知的好奇心を契機とした、人類学の歴史的展開は、人類の宇宙進出によってもたらされるであろう文化の課題を検討する上で、奇妙な平行関係にある。一九世紀の人類学は、拡大する「人類の文化の領域」を含めた「文化の研究」へと向かい、さらに二〇世紀にはレヴィ=ストロースを代表とする近代文明、西洋思想批判へ向かった。同時に、その研究対象をいわゆる小規模で単純な「未開社会」から複雑な文明社会へと広げ、現代ではグローバル化のなかで起きつつある文化の商品化や標準化の問題、移民の問題など、文化のダイナミズムについて研究する方向へと向かっている。この人類学の展開の過程で、宇宙における文化的問題を考察する上で二つの重要な概念に着目したい。それは「文化相対主義」と「異文化による異化作用」である。

前者について、近代人類学が「文化相対主義」を異文化理解の中心的な視点に置いたことはよく知られている。これは、ある文化に所属する人間にとって、異なる文化に一見理解しがたい奇妙な慣習があっても、「異常」や「未開」あるいは「後進的」と位置づけるのではなく、それぞれの社会の脈略で理解すべきであるという捉え方である。この文化相対主義は自分自身の文化を最高であると考える「自文化中心主義」と対立する概念である。どの文化もそれぞれ所与の環境への最適な適応方法として歴史的に形成されたものであり、すべての文化がそれなりの価値観を内在しているという捉え方をする。人類学はいわば、自民族中心主義を克服する科学的方法論として発展を遂げてきた学問であり、その方法論の基本をなすのが文化相対主義であった。近年ではこの文化相対主義について議論があるものの、現在でも異文化に臨むときの人類学の基本的視点にはこの方法論的視点があるといえよう。

この人類学的視点、とくに文化相対主義の視点は、宇宙に人類が進出した際に発生するであろう、新しい文化を理解する際にも有効であると思われる。宇宙空間という人類にとってまったく新しい未知の環境において、いかなる適応が最適であるかは、これからの課題であるとしても、おそらくその適応のあり方、さらにはその適応によって創造される「宇宙における文化」の問題は、人類の文化に新しい多様性をもたらすと予想される。

宇宙への探査、そしてその後の開発・利用の延長上には、宇宙への移住や定住の段階がある。そもそも宇宙船内や宇宙ステーションの内部においても、無重力状況に対する身体的な適応も含めて、経験する環境に人類は適応していかなければならないであろう。また宇宙空間は、場合によっては生物工学的な適応も含む新しい適応を必要とする場合もありうる。このような場合、宇宙空間で新しく生み出された「文化」を理解するためには、宇宙空間における文化について、個々の要素に還元することなく全体として理解し、かつ従来の地球の文化の視点からではなく、新しい文化として相対的に理解しようという人類学のアプローチは有効である。

次に「異文化による異化作用」の概念である。人類学の「文化相対主義的」なアプローチに加え、人類の宇宙進出によってもたらされる「人間とは何か」という哲学的な問いをめぐって、人類学における「異化作用」は有効な概念である。かつて「異文化の発見と理解」は、翻って「発見した」西洋社会自身にも基本的な問いをもたらした。つまり、「人間（人類全体）とは何か」「私たちが属している社会、文化とはいかなるものか」「人類の共通性と多様性はどのような関係になるのか」といった哲学的な課題であり、これはそのまま人類学が異文化の研究を通じて自文化に問いかけた課題に接続する。

これに関連し、メルロ＝ポンティは次のように述べている。

> 人類学のなかで哲学者の関心を惹く点は、人類学が人間の生活や認識の実際の状況のなかで、人間をあるがままにとらえるというまさにこの点である。人類学に関心をもつ哲学者とは、世界を説明したり構成しようとする哲学者ではなく、存在のうちへと差し込まれた我々のあり方をさらに深く差し込もうとする哲学者である。
>
> （メルロ＝ポンティ　一九九三：一九八頁）

つまり人類学者は、異文化との遭遇を通して、私たちが認識しないリアリティを生々しく喚起し、対象化しようとする。

しかし今日では、グローバル化が世界に浸透するにつれて、世界的規模で文化の標準化が進行している。もはや「新大陸」は存在せず、また私たちとは論理が異なり、場合によっては理解不能な「異文化」がもたらす「異化作用」を望むことは困難になってきている。グローバル化の進行にしたがって、地球は一つのシステムに統合され、「生活世界」が拡張する一方で、人々は「生活世界のリアリティ」を喚起しにくくなっており、漠然とした閉塞感や孤立感に陥っていると、しばしば指摘されている。

ここで宇宙空間において新しい「文化」が生成された場合、この新しい異文化との遭遇は、私たちの文化・文明に大きな「異化作用」をもたらす可能性がある。宇宙という文化空間が私たちの文化・文明にもたらす異化作用は、かつて人類学者が「未開文化」を自文化に紹介することによってもたらしえた異化作用よりも、さらに強烈になるのではないだろうか。それは私たちが当たり前としてきた「生活世界」の認識を根底から揺るがす可能性を秘めている。この宇宙空間がどのような「異化作用」をもたらすかは、まさに人類学的に議論しうる問題である。

## 6　宇宙人類学の諸課題

前節では、人類の宇宙進出が、どのような文化の理論的課題をもたらすか、あるいは人文諸科学にとっていかなる基本的課題を提示するかの可能性を、異文化理解の学問分野として展開してきた人類学の見地から検討した。この節では、宇宙空間が人類学において、どのような具体的トピックとなりえるかについて検討したい。宇宙人類学が今後取り扱うプロトトピックを列挙するものである。

まず前提として、現在人類が長期間居住することが非常に困難な宇宙空間において、果たして新しい文化が生成されるかどうかという問題がある。確かに現在の技術水準では、人間集団が一定期間以上、宇宙空間に居住するような状況は、短期的には不可能であるかもしれない。しかし、タイムスパンを数十年単位やそれ以上に設定した場合、それは一〇〇%ありえないとは言い難い。これまでも人類は、長いスパンの歴史的プロセスでは、人間の居住限界に挑み、さまざまな生活適応をし、その生活世界を拡大してきた。その結果、人類は多様な社会・文化を展開したのであり、今日、その多様性こそが「人類の智」となっているのである。

また、現在の宇宙ステーションにおいては、多様な出自を持つ宇宙飛行士たちの居住空間が、すでにある種の「多文化状況」といえる状況にある。同時に宇宙ステーションという限定された空間や技術的問題が要請する一種の行動規範が支配している。さらには、宇宙ステーションやスペースシャトルを運用する主体が備えている社会が衣食住といった日常生活の規範において一種の文化的ヘゲモニーを握っている可能性があることなどを考慮すると、すでに宇宙空間における「文化の問題」が存在するといえよう。

宇宙空間においては、地球上とは異なる時間の感覚、無重力状況において地球上とは異なる空間認識が生み出される可能性がある。さらには身体やその動き、感覚についても直接的・間接的に地球においては想定しにくい変化がある。時間、空間、そして身体は社会や文化の基盤であり、宇宙空間においてその基盤が変化したときに何がもたらされるのかは、文化の問題としても重要である。

ただし、ここではやや時間的スパンを広くとり、人類の宇宙進出が本格化したときに、どのようなトピック、文化的課題を人類学が取り扱うことができるのか、その一部をあげてみたい。

## 高度知的生命体との出会いによる「人類」の対象化

宇宙人類学について、異星人との出会いなど異星人についての人類学的トピックとして一般にイメージされやすい。ただし、これは単なるSF的な状況の設定ではない。木村論文にあるように、「異星人」という他者を通して人類を対象化するアプローチである。

## 宇宙環境への適応と新しい文化の生成

人類は新しい環境に適した社会や文化を創り上げることによって、過酷な環境にも適応してきた。こうした環境への適応は人類学の重要なテーマの一つである。宇宙空間においても、地球よりはるかに多様性に富んだ環境に適応するような新しい社会や文化が生み出される可能性がある。

## 宇宙空間における身体的適応の問題

重力や宇宙船の問題など、宇宙空間は地球上のどの場所とも比較にならない過酷な環境であり、社会や文化の創出によるだけでは適応できない可能性がある。しかし、その場合には、別の大きな文化的問題が発生するであろう。過酷な宇宙空間に適応するために、バイオテクノロジー（生物工学）や身体の一部の機械化を駆使し、身体そのものを変える可能性がある。現在のところ、宇宙飛行士は地球上に帰還することを前提としており、宇宙空間に適応するために身体そのものを「改造」することは想定しにくい。しかし、宇宙空間に長期間滞在することによる身体的変化が常態化する事態も含め、さらに地球に帰還しないことを前提とした移住を想定するならば、生物工学による身体改造も可能性としてある。この場合、そのような身体加工を施した人間は果たして人間といいうるのか、「人間はどこまでが人間か」といった基本的な問いが生まれる。さらに、そのような「改造された」人間を社会が同じ人間として受け入れることが可能かといった文化的問題が想定される。

## 衣食住など基本的な生活文化の問題

衣、食、住といった生活文化は、環境条件に規定される部分が大きい。しかし、それがひとたび衣文化、食文化、住文化といった下位文化を構成するにいたった場合、むしろ、環境条件の規定を超えて、生活に影響を与えるのであり、そのような人間の基本的生活要素は、技術や環境から一方的に規定されるのではない。現在の宇宙ステーションにおいては、生活文化は環境というより、技術的な枠組みに規定されている。しかし、宇宙ステーションにおいても、それぞれの宇宙飛行士はもともとの生活文化を持ち込んでいる。たとえば栄養学的に計算された「宇宙食」においても、それぞれ慣れ親しんだ料理に類似したものが準備されている。一方で、今後、宇宙空間において創り出された新しい「食」が地上に持ち込まれる可能性もある。

## 宇宙進出、宇宙への移住に与える文化の影響

宇宙進出や宇宙への移住を促進するのは、科学的探求心や未知の空間への憧れだけではない。実際のところ、多くの人々にとって、宇宙開発についての科学的重要性や知的冒険心だけでなく、その背後に

ある宗教的な世界観や社会的エートスが大きく影響している可能性がある。また、宇宙に対する関心が、宇宙開発や宇宙への移住といった現実の行動に直結するかは別のレベルの問題である。そもそも人間は、マクロな未知の世界を具体的な既知の世界のアナロジー（類比）で理解した上で、実際の行動を選択する。この場合に宗教に典型的に見られる世界観や宇宙観、それに基づいた価値観さらに使命感は、行動に移す契機の一つである。

## 宇宙開発がもたらす新しい文化や宗教

宇宙研究や宇宙開発の進展は、宇宙に対する科学的知識をもたらすだけではない。そのような宇宙に対する知識が文化、宗教に大きな影響を与える問題がある。たとえば、ニューエイジムーブメント（New Age Movement）は、一九六〇年代後半の月面着陸など宇宙開発が一つのピークを迎えた後に、一九七〇年代後半から八〇年代にアメリカ合衆国の西海岸を中心に活発になった新宗教運動である。キリスト教の千年王国思想を基盤としたこの運動は、その後、商業化・ファッション化することによって社会に浸透した。この活動の一つにチャネリング（channeling）がある。このチャネリングは高次の霊的存在や神と交信するという点で、人類学でいうシャーマニズムに類似しているが、宇宙人がチャネリングの対象である場合もある。

たとえばアカデミー女優のシャーリー・マクレーンの一九八〇年代のベストセラー『アウト　オン　ア　リム』は自らのチャネリング体験を書いたもので（マクレーン　一九九九）、映像化までされている。シャーリーがチャネリングしたのはプレアデス星人であり、チャネリングの際に彼女は脱魂し、地球の大気圏を脱出し、太陽系を離れ、さらには銀河系を見ることができる宇宙空間に浮遊する。この脱魂は地上から天上への垂直的な魂の上昇という点でキリスト教の「伝統的」世界観に合致するものの、映像では地球、太陽系、銀河系などの様子が天文学の知識に沿って示されている。またバシャールはオリオン座近くの惑星エササニ人とのチャネリングを行うとされ、宇宙人との直接交流が始まることを予言するニューエイジムーブメントである（アンカニ 二〇〇六）。これらの運動は、一見したところ近代科学とは無関係に見えるが、その教義や世界観に最新の科学的知識が取り入れられている。こうした異星人とのチャネリングは宇宙開発が宗教や世界観に与えた影響である一方で、これらの宗教運動はその豊富な資金力で宇宙に関する研究を支援し、宇宙開発を促進する働きをしている。

## 宇宙居住地における文化とアイデンティティの問題

このような問題は、これまでは主にSFやコミック、アニメーションにおける題材であった。しかし、そこで描かれる「地球外居住地」はむしろ地球上の現実社会の投影であり、そこにはある種の「文化の連続性」についての認識が見出される。たとえば「宇宙戦艦ヤマト」や「ガンダム」などにおける地球外居住地（スペースコロニー、スペースコロニー）は、ハード面ではNASAの宇宙コロニー構想などが援用されているものの、そこで展開される生活空間は、地上と同じように描かれており、リアリティとゲーム性を確保するため、現実の地球上の都市についてのイメージから踏み出してはいない。そこで描かれる宇宙都市は二〇世紀初頭の近代都市計画（modernity）に出自があり、現在の世界、国家、都市のコンセプトやリアリティから飛躍しているわけではない。基本的に現在の社会・文化を基盤とした発想にとどまる。しかし人類学における移民研究が明らかにしてきたように、移民は出身社会・文化を基盤としつつも、新しい生活空間や社会、文化を創り上げてきた。宇宙空間においては、空白地域に多様な人々が移住した結果、いかなる社会が構築されるかという問題に直面することになる。

また、移住者が流動的な移動によって、それまでの社会で構築してきたアイデンティティを放棄し、ある種のアイデンティティの解放が起きることがある。一方で、アイデンティティの多様化に抗して、むしろ硬直したアイデンティティを構築するといった場合もある（宮永 二〇〇〇）。宇宙空間においても、宇宙飛行士が「地球人」あるいは「地球の一員」であるというコメントをする一方で、「日本人」としてのアイデンティティを再確認するコメントが見出される。つまり、アイデンティティの複数化と流動化が起きているといえ、これは移住者にはより明確に起きうる可能性がある。

## 私たちの認識の変容をもたらす宇宙空間

空間認識や時間認識は私たちの文化の根底にあり、これを基盤として社会や文化が構築される。また、ランドスケープ（景観についての視覚）やサウンドスケープ（音の景観）などは私たちの生活世界を取り巻き、生活に影響を与えると同時に、私たちが主体的にこれに関与し変えていくという相互関係がある。しかし、宇宙空間はそのような認識を変える可能性を持ち、それによって、これを基盤に組み立てられていた社会や文化が根本的に変化することがありうるであろう。空間認識に関連したトピックを例にあげてみよう。近代においては、二次元的な地図を読み書きする能力が養成された。これは現実の空間と二次元的な地図を対応づけ、それに基づいて移動し、目的地を探す空間認識能力である。しかし、無重力の宇宙空間では二次元的認識ではなく、三次元的認識が必要であり、近代に要請されたのとは異なる空間についてのリテラシーが要請される。

## 7　宇宙に関する人類学的課題

ここまで議論したように、宇宙空間とそこへの進出・移住は、人類学だけでなく人文科学の新たな可能性を開きうる刺激的なフィールドである。近代のアカデミズムにおいて、自然科学と人文科学が分化し、さらにそれぞれの領域における分野の細分化が進んだ結果、学問間の対話や協力が困難になっていることは事実であろう。しかし、宇宙という人類にとってまったく未知のフィールドに臨むとき、複数のテーマやトピックを総合的にとらえる人類学的視点が有効であろう。

ここで宇宙人類学の出発点に存在するいくつかの前提となる問いについて述べることにしよう。

第一の問いは、「人類学は『人類』全体を対象としているか?」である。そもそも先に述べたように、人類学者は、けっして特定の社会・文化を研究するだけでなく、人類の行動と思考に関わるすべての領域を追究してきたのであり、人類学者によって蓄積された「異文化」に関する膨大な民族誌によって、人類が持つ選択肢の幅が明らかになると同時に、自社会・自文化に、別の新しい観点を見ることができると考えてきた。他の分野か見れば、人類学者のこうした研究姿勢は「大風呂敷」を広げているようにに見え、ときには「ほら吹き」にさえ思えるかもしれない。しかし、こうした野心的姿勢こそ、人類学の魅力であるといえよう。しかるに、今日の人類学者は厳密な研究を志向しようとするあまり、特定のフィールドとテーマ、トピックに集中し、専門性のない地域研究の一分野になりつつあるのではないであろうか。宇宙人類学は、こうしたある種の人類学の閉塞状況から、今一度人類学の「伝統」に立ち戻る正統的なテーマなのである。

第二の問いは、「二一世紀は、人類学の民族誌的現在たりうるか？」という問いであり、その延長上に、「二一世紀の現代日本社会にいかに人類学がアプローチしうるか？」という問いがある。この二つの問いは、第一の問いと関連する。人類学は一九世紀にその研究分野の萌芽が生まれ、二〇世紀前半は「未開民族」の研究を中心に展開し、やがて複雑な社会、さらには近代社会、自社会へとその研究領域を広げてきた。蓄積された過去の民族誌的資料は、単なる歴史的記録というだけでなく、「民族誌的現在」として再解釈され、新たな人類学理論を生み出し、現在のさまざまな人類学的課題を検討する基盤となってきた。では、二一世紀は、人類学にとって民族誌的現在たりうるのであろうか？

筆者の考えでは、「地域研究」や個別テーマ、トピックの探求と人類学的アプローチの相違は、人類学が、対象とした異文化の記述、解釈を経て、自文化、私たちの場合には現代日本社会、文化の考察、思索に向かうことにある。その意味で、宇宙という新しいフィールドは、いわゆる異文化研究としてではなく、現代日本社会に対する新たなアプローチである可能性を持つ。

加えて、宇宙はこれまで人類学で蓄積されてきた知見、思考、方法が有効な問題領域であり、人類の普遍性と多様性・個別性について人類学的な思考実験を行うフィールドである。山下が述べるように、私たちが生きている時代は、生活のあらゆる分野で科学技術の恩恵（と弊害）を被っている。もはや科学技術は今日の人類の経験を基礎づける基本的枠組みになっており、こうしたフィールドにおける現代的側面はいまや社会・文化の変容の問題ではなく、むしろ人類学の与件と考えるべきである（山下 二〇〇五：二一―二）。

しかも、現代科学技術の展開は、人類学の扱ってきた主要なテーマにも大きな影響を与えている。たとえば、新生殖医療補助技術は人類学の伝統的テーマである家族・親族関係のあり方を根底から変えようとしている。またエネルギー技術、環境技術は、フィールドの生業や生態に決定的な影響を与えつつある。これらと同じく、宇宙開発技術は、すでにコミュニケーションや社会関係に大きな影響を与えており、今後ほかにいかなる影響をもたらすかは未知数である。宇宙人類学の挑戦とは、このような「科学技術時代」（山下 二〇〇五：三）のフィールドにいかに向き合うかの課題である。

最後に、宇宙開発の未来と人類学的課題について述べたい。伝統的イメージの人類学が宇宙でフィールドワークを行うとすれば、人類が宇宙に進出し、地球外に居住地を持つ段階にいたったときであろう。ただし、これは現段階の技術水準では困難であり、近未来のSF的な想定ともいえる。しかし人類が宇宙に進出するときを想像することは、現在の地球が直面する人類学的課題を私たちに投げかけてくる。

人類が宇宙に進出する場合、それは新たなフィロンティアの拡大というポジティブな状況だけでなく、人口の増大や環境の悪化、資源の枯渇などによるネガティブな状況も考えられる。その状況はあたかも、人類専用の「ノアの箱船」で地球を出ることに例えられるであろう。もし、その「ノアの箱舟」が一〇〇名しか乗せられないとすれば、どのような人間を乗せるのであろうか？　乗ることができない集団の文化、社会、言語は消滅することになる。それは誰が決めるのであろうか？

これは非常にシビアな人類学的課題である。このように宇宙というフィールドを想定することによって、現在の人類学者のフィールド、さらには地球が直面しているさまざまな課題、とくにグローバル化の問題を議論する上で、人類学的な思考を深める契機となるのではないだろうか。

**参考文献**

アンカニ　ダイリル　二〇〇六『BASHAR2006（バシャール2006）――バシャールが語る魂のブループリント』大空夢湧子訳、ヴォイス社。
木下富雄　二〇〇九『宇宙問題への人文・社会科学からのアプローチ』（高等研報告書）、国際高等研究所。
鈴木一人　二〇一一『宇宙開発と国際政治』岩波書店。
滝澤邦彦　二〇〇三「宇宙開発」西川長夫・大空博・姫岡俊子・夏剛『グローバル化を読み解く八八のキィワード』平凡社、三三―三五頁。
フッサール、E　一九九五『ヨーロッパ諸学の危機と超越論的現象学』細谷恒夫・木田元訳、中公文庫。
マクレーン、S　一九九九『アウト　オン　ア　リム』山川紘矢・山川亜希子訳、角川文庫。
宮永國子　二〇〇〇『グローバル化とアイデンティティ』世界思想社。
メルロ＝ポンティ、M　一九九三『シーニュ』谷徹訳、みすず書房。
山口昌男　一九七九「人類学的認識の諸前提」『新編人類学的思考』筑摩書房、四―二六頁。
山下晋司　二〇〇五「人類学をシステムアップする」山下晋司編『現代人類学のプラクシス』有斐閣、一―一一頁。

# 第3章　ファースト・コンタクトの人類学

木村大治

## 1　はじめに——ファースト・コンタクトと人類学

なぜ人類学で宇宙を取り扱うのか、そしてなぜ「ファースト・コンタクト」なのか。まず最初にこのことについて書いておかねばならないだろう。というのは、「宇宙人類学の挑戦」という本書の題名は、人目は引くだろうが、それだけにキワモノ的な印象を与える可能性が高いからである。実際、二〇一三年六月に行われた日本文化人類学会研究大会において、われわれ宇宙人類学研究会のメンバーで同じ題を冠した分科会を開いたのだが、そこでは「珍しいもの見たさ」の来聴者が多かった、という噂を聞いたのである（ただし、終わった後はたくさんの人から「興味深かった」「可能性を感じた」といった感想はいただいたのだが）。

そこでまず「人類学とは何か」という大上段の問いから始めてみたい。その答えはさまざまあるだろうが、一つの定義として「他者を知ろうとする営為である」というのも悪くないと思う。ここでいう「他者」とは、人類学である以上「人」のカテゴリーに入るものでなければならないだろう。本章で扱おうとしているのは宇宙人とファースト・コンタクトだが、「宇宙人」には「人」という字がついているのでぎりぎりセーフといえよう。

コンタクティーと称する人たちの主張を措くとすれば、われわれ人類はまだ実際に宇宙人と出会ってはいない。まだ出会ってないのだが、しかしわれわれは彼ら（？）を人のカテゴリーに入れている。つまりそこでは、われわれのコミュニケーションの外部にありながら、しかしコミュニケーションできる「かもしれない」、できる「に違いない」存在が考えられているわけである。そういった意味で、宇宙人とは「極限的な他者」という表象につけられた名であるといってもいいだろう。

本章で扱うのは、そのような宇宙人とのあいだにコミュニケーションは成り立つか、という問題である。まだ出会ってないわけだから、（関西弁で率直にいえば）「そんなもん、わかるわけないやろ」ということになるだろう。しかし思考実験というのは、物事の本質を考えるときしばしば有効である。他者を知ろうとする営為が人類学であるとするなら、極限的な他者である宇宙人は、その好適な材料となりうるのである。近年の人類学においては、異文化や他者へのまなざしを安易に考えてはいけないという批判がなされている。それはそれで十分「反省」に値することだろうが、しかしその反省が異文化を語る営為に対する躊躇を生んだとしたら、それは不幸なことであった。「異なった他者」という対象を失ったとき、人類学はその成立の基盤を失ってしまうだろう。その意味で、宇宙人を対象にした人類学は、最も先鋭的な人類学といえるのである。

## 2　ファースト・コンタクト・テーマ

このような発想から、本章では宇宙人との出会いを手がかりに、コミュニケーションの成立について考えてゆく。しかしまだ実際には出会ってないわけだから、その素材となるのはとりあえずSF作品となる。最初に、マレイ・ラインスター（「レンスター」と表記されることもある）の"First Contact"（邦題『最初の接触』）を取り上げてみたい（Leinster 1945）。この作品を契機に、宇宙人との最初の出会いを描いたSFは「ファースト・コンタクト・テーマ」の名で呼ばれることになった。話はランヴァポンという地球の宇宙船が、四〇〇〇光年の彼方にあるカニ星雲の裂け目に突入するところから始まる。超光速航法が切れたとき、船のなかに警報が響きわたる。何らかの物体がランヴァポンめがけて向かってきているのだ。どうやら、相手は探知機で、こちらと同じ周波数のビームを向けてきているらしい。

　船長が荒々しい口調で言った。「(中略) 探知機までそなえた船に乗ってるやつは誰なんだ？　人間ではないぞ、これは！」

　彼は袖の通話機のボタンを押してどなった。

「直ちに行動せよ！　全員武装！　全区、非常警戒態勢につけ！」(中略)「人間ではないとすると」トミイ・ドートが緊張した声で訊いた。「それでは——」「この銀河系に星がいくつあると思う？」船長が苦々しげに問いかえした。「そのうち、生命を育むのに適した惑星はどれくらいある？　そこに発生した生命の数は、どれくらいだろう？　もしあの船が地球のものでないとしたら――いや地球のものでないことははっきりしている――乗員も人間ではないはずだ。それに、絶対真空中を航行できる宇宙船を持つような文明の段階に達した、人間でない種族となればどんな事態だって考えられるじゃないか！」

（レンスター　一九七五：六三頁）

このあとランヴァポンは、異星人とのコンタクトを果たす。彼らは人間に似た体型であり、互いの意志疎通は比較的スムーズに行われるが、その後お互いの科学技術や母星の位置に関する情報をどうやって手に入れるかという、腹の探り合いが展開されることになる。書かれた当時の国際情勢を反映しているとも取れるストーリーである。

この作品では、「わかりあうこと」自体が中心的なテーマとなっているわけではない。しかしその後、この点を問題にした作品がぞくぞくと書かれることになる。その代表は、何といってもスタニスワフ・レムの『ソラリス』（Lem 1961）だろう。この作品に登場する異星の生命体は、ソラリスと呼ばれる惑星の表面を覆う海そのものである。「ソラリスの海」は明らかにある種の複雑な知的活動を行っているのだが、人類の長い努力にもかかわらず、海とのあいだの意志疎通は成功しない。海の上に突然、巨大な赤ん坊が浮かぶという有名なシーンがあるが、それが何のためなのかもわからない。海は未知なる存在のままで物語は終わる。

## 3　哲学と宇宙人

この例のように、ＳＦに現れるファースト・コンタクトは、理解という事柄に関する想像力をさまざまなかたちで刺激するが、じつはコミュニケーションや相互行為に関わる哲学のなかにも、「宇宙人」はしばしば登場しているのである。

### ウィトゲンシュタイン、ベイトソン、大庭健

ウィトゲンシュタインの『哲学探究』（Wittgenstein 1953）のなかに、次のような一節がある。

> わたくしはある映像を見ている。それは、ひとりの老人が杖に身を支えながら、けわしい道をのぼっていく姿を表している。――しかし、どのように？　かれがこの姿勢で通りをすべりおりていたとしても、そのように見えないだろうか。**火星の住人**は、この映像をたぶんこのように記述するであろう。なぜわれわれがそのように記述しないのか、わたくしには説明する必要がない。
>
> （ウィトゲンシュタイン　一九七六：一一三―一一四頁〔第一三九節〕。太字の強調は引用者による）

ウィトゲンシュタインはここで火星人を引き合いに出している（もちろん、金星人でもバルタン星人でもよかったわけだが、当時は火星人が宇宙人の代表としていちばん想像しやすかったのだろう）。この議論の

なかで火星人の果たしている役割は、われわれと文化や身体を共有してない知的存在、ということである。彼らにはできない老人の映像の解釈が、われわれ人間ならばできるということなのだが、それはなぜか、というのがウィトゲンシュタインの問いである。この問題は本章においても本質的であり、後に議論してみたい。

次に、グレゴリー・ベイトソンの例を引いてみよう。『精神と自然』(Bateson 1979) のなかに出てくるエピソードである。彼は一九五〇年代の一時期、サンフランシスコの美術学校で教鞭を執っていた。

美術学生に対してはもっと直接的な行動に出た。クラスは一〇人か一五人ほどの小さなもので、敵意からくる白けた雰囲気を漂わせていることくらいは、教室に入る前から察しがついていた。

(中略)

こちらも準備は整っていた。用意してきた二つの紙袋の一つをあけると、私はゆでたてのカニを机の上に置き、彼らに向かってこんな挑戦的な問いを発したのである。――「この物体が生物の死骸であるということを、私に納得のいくように説明してみなさい。そう、自分が**火星人**だと想像してみるのもいいだろう。生物とは火星で日常的に接しているし、君たち自身も生物である。しかしもちろんカニもエビも見たことはない。そこにこんな物体がいくつか流れ星になって降ってきたとする。そのほとんどは完全な形を留めてはいないが、観察の結果、これは生物の死骸であるという結論に至るとする。さあ、どうやってその結論に至るのか?」

(ベイトソン 一九八二:七頁。太字の強調は引用者による)

いかにもベイトソンらしい痛快な授業である。読んでいるわれわれの脳みそも、美術学生のそれと一緒に揺すぶられるような気がする。ここでベイトソンも、われわれと共通の知識は持たないが、知性を持った存在としての火星人を持ち出している。彼はそこから、生命、パターン、エントロピー等々に関わる問題を考えてゆく。

もう一つ例を出そう。倫理学者の大庭健は『他者とは誰のことか』(一九八九)のなかで、筒井康隆の短編「最悪の接触《ワースト・コンタクト》」に言及している(じつをいえば、私がコミュニケーション論における「宇宙人」概念の重要さに気づかされたのは、この大庭の記述からである)。この短編のなかで、地球人の「おれ」は、マグ・マグ人のケララとドームのなかで一週間の共同生活をさせられることになる。マグ・マグ人はヒューマノイド型の宇宙人であり、言葉も問題なく通じる。

「よろしく。タケモトです」

ところがマグ・マグ人は両手を背中の方へまわしたまま、おれにうなずき返した。「よろしく。ケララです」両手をうしろへまわすことによって恭順の意を示す種族も二、三ある。おれもあわてて両手を背中に回した。

その途端、ケララというそのマグ・マグ人は、背後に握っていた棍棒をふりかざし、おれの脳天を一撃した。

眼がくらんだ。「いてててててて」

(中略)

ケララはにこにこしていた。「よかった。死ななかったね」

怒りを忘れ、おれは一瞬唖然とした。相手の意図を悟ろうとしながら、おれはゆっくりと椅子に腰をおろした。「死ぬところだったぞ」

「あなたを殺して何になりますか」ケララは笑いながら、テーブルをはさんで俺と向かいあい、腰をかけた。「死なないように殴ったよ」

（筒井 一九八二：一三二―一三三頁）


こういった調子で、相手を理解したと思った刹那、裏切られるという不条理な体験を繰り返し、「おれ」は「け。けけ。けけけ。けけけけけけけ」と叫び出すような状態に陥ってしまう。コミュニケーションの成立の基盤を問う大庭の論考のなかで、この「ワースト・コンタクト」は参照例として繰り返し登場する。

さらに、最近さかんに議論されている「心の哲学」の領域においても、SF的想定はひんぱんに現れる。たとえば、「双子地球」―地球とそっくりだが、水$H_2O$が、それとそっくりだがじつは違う物質XYZに置き換わっている――とか、「逆転地球」――地球とそっくりだが、われわれの地球では青いものは赤く、赤いものは青い――などといったシュールな思考実験は有名である。また、「哲学的ゾンビ」――物理的反応としては普通の人間とまったく同じだが、意識やクオリアをまったく持っていない人間――の話は、映画『ブレードランナー』（原作はディック『アンドロイドは電気羊の夢を見るか』Dick 1968）に登場するレプリカントを想起させる。

## 極限状態を見る意味

結局のところ、なぜこのようなかたちで、哲学に宇宙人やSF的発想が登場するのだろうか。それは、事物の本性は、極限状態においてあらわになることが多いからだろう。

物理学の例を出すとわかりやすい。たとえば、高エネルギー物理学と呼ばれる分野では、光の速度近くまで加速した粒子同士をぶつける実験が行われている。そのような状況において、通常のエネルギー状態では現れない粒子の内部構造が明らかになる。一方、低温物理学においては、絶対零度に近い状態で超電導や超流動といった奇妙な現象が起こることが知られている。そこでは熱的な擾乱によって隠されていた量子力学的効果が、マクロなかたちで現れてくるのである。

コミュニケーション論においても、「究極の他者」としての宇宙人を想定することによって、日常性というベールに包まれたコミュニケーションの成立機序を明らかにすることが期待できる。これが、宇宙人が引き合いに出される所以なのである。

そのような極限的状況を、日々職業的に考えている人たちがいる。それがすなわちSF作家である。『神狩り』(一九七六)を書いた山田正紀は、SFの可能性とは「想像できないことを想像する」ことにあると喝破した。『神狩り』では、冒頭にウィトゲンシュタインが登場し、哲学との関連を予感させるのだが、物語のなかで「神」は人類に対して邪悪な存在として描かれている。その「神」が書いたと思われる文書が発見され、そこに現れる論理記号の体系を分析してみると、それは人類の知っているそれと異なっていた――というぶっ飛んだプロットの作品である。まさに「想像できないことを想像する」

という、論理的には不可能な作業に挑んだ作品だといえるだろう。このようにSF作家たちは、コミュニケーションを扱う学者よりもよほど真剣にこの問題に取り組んできたのである。

## 4　宇宙人は理解可能か？

宇宙人とのファースト・コンタクトにおいて、理解は成立しうるのかどうか。この問題については、多くのSF作家や、地球外知性探査（Search for Extraterrestrial Intelligence：SETI）の論者たちが頭を絞ってきた。そこにはもちろん、「理解できる」という立場と「理解できない」という立場があるわけだが、まず本章の初心に返って、人類学の立場からこの問題を整理してみよう。ちなみに、「ファースト・コンタクト」という用語はSFの専売特許ではなく、人類学においても、異文化同士の最初の接触という意味で普通に使われている（たとえばConnolly & Anderson 1987）。むしろラインスターがそれを借用したというのが事実かもしれない。

### 相対主義と反相対主義

人類学において、「当該文化における価値はその外部からは評価することができない」とする立場は「相対主義（relativism）」と呼ばれる。この考え方は、現代人類学の中心概念の一つとなっている。ただし、ここでいわれる他者の「わからなさ」とは、一枚岩のものではない。ギアツはそれを、倫理相対主義、認識相対主義、美的相対主義という三つのカテゴリーに分類している（Geertz 1984）。倫理相対主義とは、「何が良いことなのか」といった倫理的な問題については、当該文化の外側からは口出しができない、という考え方である。たとえば（ギアツ自身が出している例ではないが）嬰児殺しや女性割礼の是非といった問題がこれにあたるだろう。認識相対主義とは「わかる・わからない」に関わる相対主義である。よく知られた例は、虹の色が何色に分けられるかが文化によって違う、という話である。美的相対主義とは、「美しい・醜い」といった価値判断は文化によって異なり、絶対的なものは存在しない、という議論である。たとえば、美人の基準は地域により、時代によって違うという例が思い浮かぶ。

相対主義はこういった諸概念に関して、当該の文化には、その外部からは到達できない理解の地平が存在することを主張する。それはつまり、理性によって世界を見渡そうという試みには限界があり、「想像できないことを想像する」とまではいかないが、「想像できないことが存在する」ということを認める、という認識論的な態度なのである。

一方、一九八〇年代以降、そういった相対主義の主張を批判する「反相対主義（anti-relativism）」（「普遍主義」といいかえることもできる）が勢力を盛り返しつつある。その主張は次のようなものである。すべてが相対的であると言ってしまうと、当該文化についてその外側からは何も語れなくなるのではないか。それは、一種のニヒリズムや不可知論につながるだろう。そして反相対主義者たちは、相対主義的な立場はある程度認めるにしても、譲れない普遍的な価値というものも存在することを主張する。松田（二〇一三）は、普遍主義の肥大化を警戒する論考のなかで、そういった普遍的価値の代表に「人権」「環境」「平和」をあげている。松田によると、近年の人類学的潮流は、それらをよりどころに、異文化への実践的関与を行っていこうとする傾向を強めつつある。ギアツはそのような反相対主義の潮流に対して、さらに異議を申し立て、「反 反‐相対主義（Anti anti-relativism）」と題する論考を書いた（Geertz 1984）。二重に屈折したこの標題は、反相対主義に与することはせず、かといって牧歌的な相対主義に還るのでもないという、現代の人類学が置かれた難しい立場を表現している。

すこし人類学の議論に深入りしてしまったが、今のところ人類は宇宙人と出会ってないわけだから、実践的関与の問題はまだ措いておいてもいいだろう。われわれがそこから汲み取るべきは、まず、相対主義における「理解には越えられない地平が存在する」という描像である。一方、反相対主義的立場をとった場合、宇宙人とのあいだをとりもつ何らかの「普遍」が想定されることになるが、それが何なのかというのも大きな問題である。そこで思い浮かぶのは「合理性」という概念だろう。次節ではまず、このことについて検討してみる。

## 数学という手がかり

ファースト・コンタクト・テーマに一番よく登場し、そしてＳＥＴＩ（地球外知性探査）においても現実に使われているのが、数学を使ったコミュニケーションである。つまり数学的事実はどんな異星人にとっても同一であろうから、それに頼って理解を進めよう、というわけである。図１は、一九七四年にプエルトリコのアレシボ天文台からＭ13星雲に向けて送信された「アレシボ・メッセージ」で、最初の能動的ＳＥＴＩの試みとして有名なものである。実際のメッセージは一六七九ビットからなる一次元のビット列なのだが、このビット数は二三×七三という二つの素数の積であり、二三×七三の長方形に

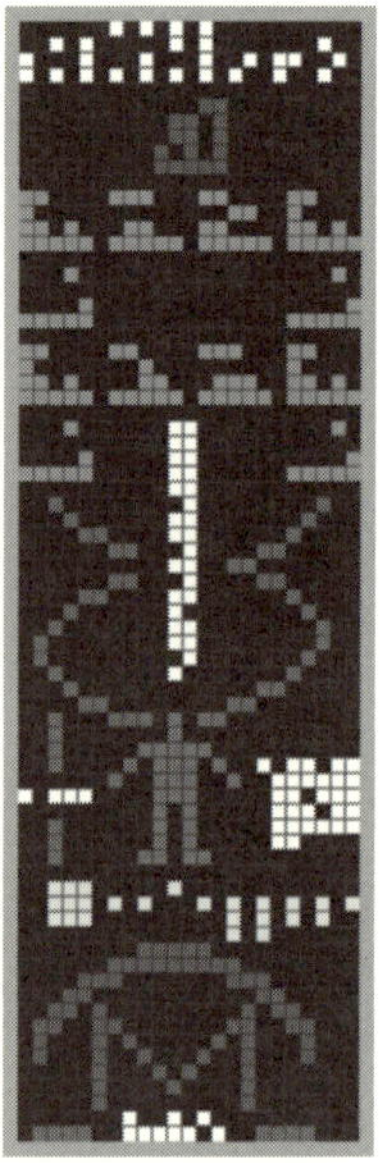
図１
アレシボ・メッセージ

並べると、図１のような図形が現れる。メッセージを受け取る技術を持っているほどの知性なら、素因数分解ぐらいはできるだろう、というわけである。

この図形には、一から一〇までの数字、元素の原子番号、ＤＮＡの構造、人間や太陽系の図等々が書き込まれており、知的生物によって解読されることが期待されている。しかし実際は、それらを正確に理解することは、頭のいい地球人でも難しいといわれている。

アレシボ・メッセージにも関わった天文学者カール・セーガンのＳＦ作品『コンタクト』(Sagan 1985)では、主人公の天文学者エリーが、恒星ヴェガからの通信のキャッチに成功する。最初に解読された信号は、二、三、五、七、一一、一三、一七……という数列であった。これは素数の列であり、そのような列が自然現象として送られてくるわけはないから、それは地球外知性のものだと判断された。

このような、数学の(通文化性ならぬ)通宇宙性とでもいうべき性質を、数学者の藤原正彦は以下のように語っている。

たとえば、どこかの宇宙人と地球人との知性を比較するときには、どうやって比較するか。文学を比較したってしようがない。（中略）ところが、数学だけは、必ず同じです。　（藤原・小川 二〇〇五：一六七頁）

こういったかたちで数学に頼るやり方は、「数学的プラトニズム」、すなわち数学的真実はプラトン的な意味で実在し遍在する、という考えを基礎にしている。これに対し、科学の社会性を重視する立場では、数学といえどもそれが作られた社会や文化と相関的である、と考える。私自身はどちらかといえば数学的プラトニズム肯定派なのだが（木村・森田・亀井 二〇一三）、しかしそういったプラトニックな対象を相手が必ず認識できるかどうかというのはまた別の議論となる。

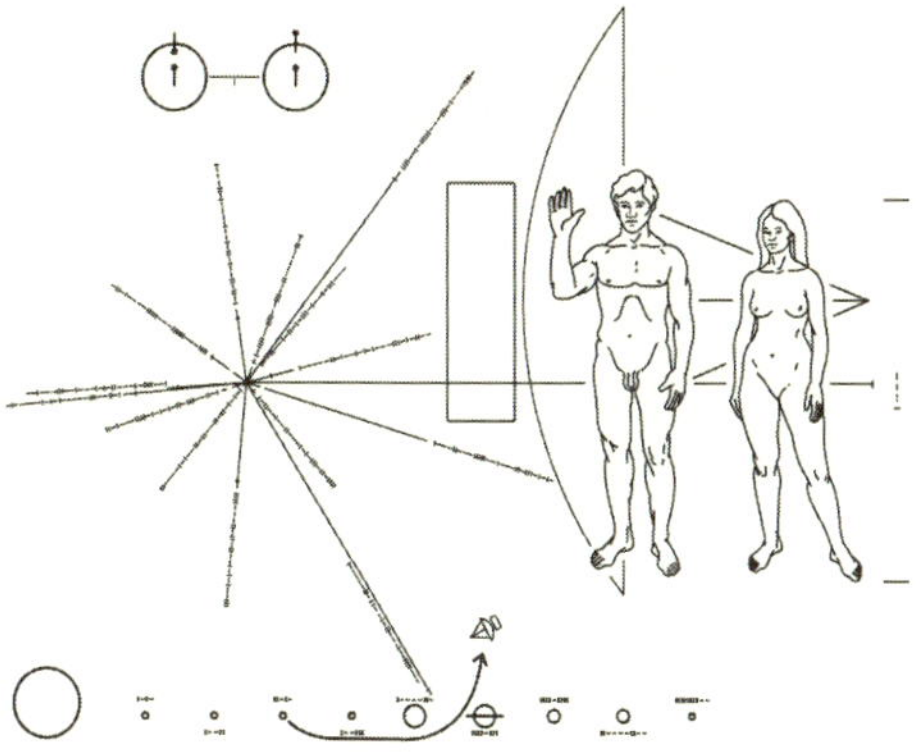

図2　パイオニア・メッセージ

## 物理法則という手がかり

一方、全宇宙に共通な手がかりとして物理法則を使おうという考えもある。物理法則が地球近傍と宇宙の遠い場所で異なっているという証拠は得られてないから、われわれと宇宙人は同じ法則を知っているだろう、と期待できるわけである。

図2は、太陽系の重力を振り切って飛び続けているパイオニア一〇号、一一号に乗せられた宇宙人へのメッセージプ

レートである。ＳＥＴＩに関連する話では、アレシボ・メッセージと並んで、必ずと言っていいほど引用されるものである。見るとわかるように、プレートを発見した宇宙人にどうやって伝達を行うかという点に関しては、おもに図像的な方法が用いられている（ちなみに、地球人の姿を示すために裸の男女が描かれているが、「なぜ裸なんだ」とか、「どう見ても白人じゃないか」といった突っこみは多くなされている）。しかしそれ以外にも、物理学を伝達の手段に使う、いくつかの工夫がされている。たとえば、左上にある二つの円を線で繋いだ図は、水素原子の超微細遷移から発信される波長二一センチの電波を示しており、これが長さの単位として用いられているのだという。ちなみに、この波長の電波は宇宙で最もありふれたものであり、また背景雑音が少ないことから、物理的な合理性を理解した宇宙人が通信を送ってくるとすれば、この波長が狙われるのではないかと想定されているという。

## 「やり－とり」による理解

ここまで見てきた方法は、数学にせよ物理法則にせよ、コミュニケーションの外部にある第三者的な要素を使うことによって、理解を達成しようというものだった。それに対し、コミュニケーションのパターンそのものを使う、という方法もありうる。

さきほど引いたセーガンの『コンタクト』に、いい例が示されている。ヴェガからの通信で最初に解読されたのは、数学的な手法を使ったメッセージだった。しかしさらに分析してみると、通信には別の信号も織り込まれており、それは何らかの動画であることがわかった。主人公はデコーディングを果たし、さあ何が出るかと固唾をのんで画面を見つめる。「ワタシハ・ウチュウジンデス」といった画像が出てくるかと思いきや、それは一九三六年のベルリンオリンピックにおける、ヒットラーの演説の映像だった。いささかブラックユーモア的な展開だが、つまり宇宙人は二五光年の彼方で、地球において初めて放送されたこのテレビ映像を受信し、そしてそれをそのまま送り返したのだと考えられた。それによって、「やあ、きみたちの挨拶、ちゃんと聞えたよ」（セーガン 一九八六：一三九頁）ということを示したのである。

この展開は、さすがはSETIの歴史に名を残したセーガンだな、と感心させられる。つまり第二のやり方は、最初のメッセージのような、数学的規則性という外在的な手がかりを用いるのとはまったく異なったものなのである。そこではこちらが送った信号をそのまま送り返すことが「私はまさにあなたの信号を受け取り、それを送り返していますよ」というメッセージとなっている。このとき、相手がその信号の内容を、「これはヒットラーの演説だ」などといったかたちで理解している必要はまったくない。大切なのは、（それが何であれ）相手が送ったものをそのまま送り返す、ということであり、それによってコミュニケーションのパターンそのものに規則性が形作られているのである。このことは、人間や動物に見られる「挨拶」が、しばしば相称的なかたちを取ることと同じ原理に基づいていると考えられる。

## 身体の相似性

最後にあげるのが、身体に根ざす理解というやり方である。まず人類学が扱う、人間同士のファースト・コンタクトを考えてみよう。いかに異文化間の出会いであっても、そこには脳をはじめとする身体構造の、そしてそれに根ざす思考構造の、圧倒的な共通性がある。だからたとえ言葉は通じなくても、コンタクトはスムーズに行われるだろう、というのはとりあえず納得のいく話である。先に引いたウィトゲンシュタインの火星人の話も、（明示的に書かれているわけではないが）この議論につながっている。

それでは、人間以外の動物ではどうだろうか。人間とチンパンジーは、ＤＮＡ配列の九九％近くは同一であるとされており、身体構造もよく似ている。チンパンジーとなら、人間同士ほどにはいかないが、身体に基づいたある程度の理解は可能だろうと思われる。私自身、コンゴ民主共和国のフィールドで野生のボノボと相対したとき、相手に「観察されている」という、他の動物では感じることのない奇妙な感覚をおぼえたことを記憶している。では人と犬はどうだろうか。そして魚は、昆虫は、アメーバは……と考えていくと、そこには「相似性の傾斜」とでもいうべきものが想定される。傾斜に明確なしきいはないのだから、どこまでいけば理解できなくなるのか、という問いに対しては、はっきりとした答えは出しにくいのである。

さてここで、宇宙人を考えてみよう。宇宙人の身体については、ＳＦにおいてじつに多くの思考実験がある。目や耳のついた頭、二本の手、二本の足といった、人間と同じような身体構造を持つ宇宙人は「ヒューマノイド型」と呼ばれ、しばしば「理解しやすい相手」として登場する。ＵＦＯから出てくるとされるのも、たいていはこの型の宇宙人である（彼らはなぜか、小柄で毛がなくて、つり目なのだが）。一方、ヒューマノイド型でない宇宙人は、それこそ百鬼夜行のような、さまざまな形態が描かれている。中性子星の上で進化した極小の生物チーラ（Forward 1980）、「ソラリスの海」のような惑星大の生命、天文学者ホイルの描く知性を持った暗黒星雲（Hoyle 1957）、クラークの『幼年期の終わり』

(Clark 1953) に出てくる宇宙全体に広がる意識「オーバーマインド」、といったものまである。こういった異なる身体を持つ他者たちと、意志疎通ができるものなのか、それとも身体が違えば、思考形態やさらにはそこから生み出される論理や数学といったものまで異なってくるのか（テッド・チャンの短編「あなたの人生の物語」(Chiang 1998) には、そういった状況が描かれている）。私自身は、後者の可能性を期待してはいるが、しかしそういった思考形態は端から理解不能なものかもしれない。

ふたたび地球上の他種について考えてみると、あまり似ていない相手に対しては、嫌悪感や不気味さを感じることが多いのは確かである。たとえばカマキリの拡大写真はとても不気味だが、それは、身体構造のかけ離れたカマキリの気持ちはわかりえない、ということから生じるのかもしれない。SFに登場する宇宙人には、地球上の生物をモデルにして想像されたものが多いが、凶悪な宇宙人はしばしば昆虫型なのである。バルタン星人は蝉がモデルだといわれているし、最近映画化されたオースン・スコット・カード『エンダーのゲーム』(Card 1985) に出てくる「バガー」は、蜂に似た宇宙人であった。

しかし、身体が相似ならわかりあえると、なぜ考えられるのだろうか。このことは一見当然のように思えるものの、必ずしも簡単に説明できることではない。そこには少なくとも二つのメカニズムを考えることができる。一つは、似通った身体なら、同じ外界の刺激に対して同じ反応をするだろう、というものである。たとえば、二人が同じ花を見て美しいという、といった状況である。一方、これとは異なるもう一つのメカニズムが存在する。それは「他者の身体の外見から、その内部状態を推定する」というものである。たとえば、他者の泣いている表情を見て、その悲しさがわかる、といった事態だが、それは「自分と相手が同時に、悲しくなるようなものを見ている」というのとはまったく違う状況なのである。こういったメカニズムの神経的な基盤として、ミラーニューロンと呼ばれるシステムが発見されたことはよく知られている。「同じものを見る」のとは異なり、こちらはおそらく、進化的に長い時間をかけて作り込まれたメカニズムだと思われる。

本節の最初で、相対主義／反相対主義（普遍主義）の議論をした。身体をこの議論のなかで考えようとするとき、その位置は微妙なものになる。「似たような身体」というのは、数学や物理法則のような、コミュニケーションの外部にある第三者的参照物とみなすこともできるだろう。しかし一方、参照物であるはずの身体的な経験とはいったい何なのかを具体的に記述するのは、じつはたいへん困難である。このように、経験の内部に議論することができない地平が存在するという意味において、それは相対主義を思わせる状況である。私はそれを「共有されるブラックボックス」と呼んでいるが、この意味において、身体の相似性による理解は、一見普遍主義的に見えてじつはそうとも言い切れない、難しい位置にあるのである。

## 5　理解に対する志向

### トムとジェリーのパラドックス

ここまで、宇宙人は理解可能か、可能であるとすればそれはいかにしてか、という議論をしてきたが、最後に、それとは異なったレベルの話をしよう。

『ソラリス』や「最悪の接触」は理解不可能な宇宙人の典型だったが、ここでもう一つ別の例をあげてみる。それは、フレッド・セイバーヘーゲンの『バーサーカー』シリーズである(Saberhagen 1967)。すでに滅び去った異星人が作った「バーサーカー」(北欧神話に登場する「狂戦士」に由来する名)と呼ばれる宇宙船=ロボット群は、はるか昔に「すべての生命体を抹殺せよ」という命令を受けており、太陽系に到達した彼らと地球人とのあいだに戦いが始まった、という魅惑的な設定である。バーサーカーはいわば究極の敵であり、したがって彼ら(それら?)は、理解不能な他者に分類できるように思われるかもしれない。しかしよく考えてみると、バーサーカーの他者性は、先にあげた「ソラリスの海」やマグ・マグ人の他者性とはまったく異なっている。つまり、連中は人類を皆殺しにしようとしているのだが、「連中は人類を皆殺しにしようとしている」ということ自体は人類にもよくわかっている。その意味において、バーサーカーは非常に「わかりやすい」相手なのである。

こういったことを考えていると、アニメ『トムとジェリー』のことが心に浮かぶ。「♪トムとジェリー仲良く喧嘩しな」という主題歌が有名だが(ただしこの主題歌はまったくの和製で、三木鶏朗の作詞・作曲である。JASRAC出一四〇四七二一—四〇二)、そこでは「仲良く喧嘩する」という、一見して矛盾した状況が歌われている。子ども心にも面白いと思ったものであるが、アニメを見ると、それが矛盾ではないことはすぐにわかる。トムとジェリーはいつも喧嘩しているのだが、それはまったくパターン化しており、二匹は嬉々として、まさに「仲良く」喧嘩しているのである。ときどき、トムがガーンと頭を打っておかしくなり、ジェリーにものすごくやさしくなるといったシーンが出てくる。するとジェリーはむしろ「ん?」という感じで、何か裏切られたような顔をする。

結局のところ、この「パラドックス」は、理解やコミュニケーションを、親和性と敵対性の軸のみでとらえることに起因していると考えられる。トムとジェリーは、そしてバーサーカーと地球人は、たしかに敵対しているのだが、しかし「われわれはいま敵対しているんだ」という枠組み自体は共有しているのである。これは広い意味で、社会的相互作用の状態にあるといってよい。トムが突然やさしくなるのは、むしろその相互作用の枠を壊す行為なのである。

## コミュニケーションにおける「信頼」

「トムとジェリーのパラドックス」は、本来はレベルの違うものを同一のレベルで考えてしまうことで起こったといえる。ベイトソンの言葉を借りれば、論理階型の混同といってもいいだろう（Bateson 1972）。それでは、その「レベル」とはいったい何なのだろうか。この問題について考えるとき、アメリカ言語哲学で展開されてきた議論が参考になる。

クワイン（Quine 1960）は、まさにファースト・コンタクト状況といえる、以下のような場面を考えた。これまでまったく接触のなかった、未知の群島の周辺に住む原住民（今では人類学で「原住民」という言い方が使われることはまずないが）と接した言語学者のことを想定する。クワインはこういった状況における翻訳を「根源的翻訳」と呼んだ。たとえば、原住民が走りすぎるうさぎを見て「ギャバガイ！」と叫んだとする。この発話は、通常「うさぎだ！」と訳していいように思われる。しかしクワインは、それは「動物だ！」であるのかもしれず、「白い！」であるのかもしれず……と、その意味を一義的に確定することは不可能だという（翻訳の不確定性のテーゼ）。このような不確定性は、この例のような極端な場合だけでなく、日常のコミュニケーションにもさながらに見られる、というのがクワインの主張である。

人類学者の立場からいうと、このクワインの議論は実感として正しいし、正直、それほど重大な主張をしているようにも思えない（論理実証主義を批判するというコンテクストにおいて、それは重要だったのだろうが）。問題は、そのような不確定性が存在するとして、それでもなお日常のコミュニケーションがうまくいっているのはなぜか、ということである。これに関して、クワインの薫陶を受けたデイヴィドソンは、以下のような、木で鼻を括ったような回答を用意する（Davidson 1986）。聞き手は話し手が何か意味のあることを言おうとしているということを「信頼」し、「思いやり（charity）」の精神をもって解釈しようと努力するのだ、というのである。デイヴィドソンはこれを「寛容の原理（principle of charity）」と呼んでいる。同様な議論は、グライスの「会話の公準」（Grice 1989）や、スペルベルとウイルソンの関連性理論（Sperber & Wilson 1986）においても見られる。グライスの「関連性の原則」とは、つづめていえば「関係のあることを言え」ということだし、関連性理論の中核にあるのは「伝達を行おうとするときには、それが最もうまく伝達されるように努力しているのだということ自体も同時に相手に伝えている」という主張なのである。

コミュニケーションの成立を考えるときは、4節で述べたような、いかにして理解を成立させるかというテクニカルな話がまず頭に浮かぶ。そういった議論のなかに、このような「信頼」「思いやり」「寛容」などという概念を持ち出されると、正直、何かはぐらかされたような気持ちになる。そのような異質な感じを与える原因は、まさに「論理階型のずれ」にあるだろう。つまりここでは、「○○しろ」といったかたちの具体的な指示ではなく、「（何をするにせよ）がんばってやれ！」という、異なった論理階型に属する指示がなされているのである。

このような身構えが、ファースト・コンタクトにおいてじつは重要であることは、「最悪の接触」の例を考えればよくわかる。マグ・マグ人ケララと「おれ」のあいだでは、会話的コミュニケーション自体は何の問題もなく成り立っていた。しかしそれでも、結局のところケララのことがわからなかったのは、ケララに、相手を理解し／相手に理解させようという志向そのものが欠落していたからなのである。

## 生命と「よく似た他者」

「理解に対する志向」とか「相手への信頼」といった概念を、宇宙人に対しても適用できるのかどうか。最後にこの点について考えてみよう。実際、宇宙に知的生命体がたくさんいたとしても、彼らがコミュニケーションをとろういう志向を持ってなければ、いくらがんばってSETIをやっても成功しないだろう、という議論はしばしばなされているのである。

まだ出会ってもない宇宙人に、理解に対する志向はあるかと問われても、「そんなもん、わかるわけないやろ」と言ってしまいたいところだが、しかし最近の私の考えは、そういった志向はあるのではないか、という方向に傾きつつある。それは、「生命」と「他者」の関係についての考察からである。

「生命」をどう定義するかというのは難しい問題だが、「自己自身の維持」と「自己複製」の二つがその中心にあるということについては、まず異論のないところだろう。自己複製とはすなわち、よく似たものたちがたくさんできるということだが、その結果として「自分と同じ構造を持ち、同じふるまいをする他者がたくさんいる」という状況が発生することになる。今西錦司は「生物の世界」（今西 一九七四）のなかで次のように書いている。

このように相違ということばかりを見て行けば、世界じゅうのものはついにみな、異なったものばかりということになるが、それにもかかわらずこの世界には、それに似たものがどこにも見当たらない、すなわちそれ一つだけが全然他とは切り離された、特異な存在であるというようなものが、けっして存在していないということは、たいへん愉快なことでなかろうか。

（中略）

類縁関係の近いものは、それの遠いものよりも、より近い、あるいはよりよく似た世界をもっている。よりよく似た世界というのは、いろいろに解釈できるけれども、主体的にいえば、お互いの認識している世界が似ていることだといえるであろう。そしてそれはつまり類縁の近いものなら、また当然にその認識に対する主体的反応の現れ方においても似ているのでなければならぬ、ということを要請するものである。だから類縁の近いもの同士が遭遇した場合を考えると、一方が他を認識するようにして、また片方も他を認識しているのでなければならぬ。そしてその一方がその認識に対して現す主体的反応と相似た反応を、片方のものもやはり現すのでなければならぬ。すると相互の認識、ひいてはその主体的反応の結果として、ここに一種の関係、もしくは一種の交渉が成立することとなるであろう。認識に対するわれわれの主体的反応とは、認識したものに対するわれわれの働きかけにほかならないといったが、かくのごとき関係の成立を認める場合には、それは多分たんなるわれわれの働きかけではなくて、われわれへの働きかけを予想した上での、われわれの働きかけになるであろう。

（今西 一九七四：九―一六頁）

今西が的確に描写しているように、似たような他者がたくさんいる状況では、必然的に他者認識が発生するだろう。個体は他者のことを気にしながら、そして他者が気にしていることを気にしながら生きていくことになる。行動生態学の教えるように、他者との関係性は、共同的な場合もあれば競合的な場合もある。しかしいずれにせよ、その両者を含み込んだ広い意味での「信頼」は、その基盤として存在するのである。

宇宙における生命も同様に、そのような道筋に沿って発生、進化しているとするなら、そこには他者を認識し、それに相対していこうという志向は存在するのではないか。これが私の当面の結論である。もちろん、そのような「信頼」が欠落した生命があるとするなら、それはそれで凄いことであり、そこにこそ「理解の地平」が存在するのかもしれない。「ソラリスの海」は宇宙にたった一個しかない存在のようだが、コミュニケーションが成立しないのはそのせいなのだろうか。一方、ホイルの描く「暗黒星雲」は、神経組織の移植によって増えることができるらしい。道理で暗黒星雲は人類に対してフレンドリーである。そのような想像をめぐらせるとき、宇宙は俄然、コミュニケーション論や人類学の豊かなフィールドとなってくるのである。

**参考文献**

今西錦司　一九七四「生物の世界」『今西錦司全集』第一巻、講談社、一―一六四頁。
大庭健　一九八九『他者とは誰のことか――自己組織システムの倫理学』勁草書房。
木村大治・森田真生・亀井伸孝　二〇一三「数学における身体性」菅原和孝編『身体化の人類学――認知・記憶・言

語・他者』世界思想社、四二—七五頁。
筒井康隆　一九八二「最悪の接触《ワースト・コンタクト》」『宇宙衛生博覧會』新潮社、一二七—一五八頁。
藤原正彦・小川洋子　二〇〇五『世にも美しい数学入門』筑摩書房。
松田素二　二〇一三「現代世界における人類学的実践の困難と可能性」『文化人類学』七八（一）：一—二五頁。
山田正紀　一九七六『神狩り』早川書房。
Bateson, G. 1972 *Steps to an Ecology of Mind*. Harper & Row.（邦訳：ベイトソン、G　二〇〇〇『精神の生態学』改訂第二版、佐藤良明訳、思索社）
Bateson, G. 1979 *Mind and Nature: A Necessary Unity*. John Brockman Associates.（邦訳：ベイトソン、G　一九八二『精神と自然——生きた世界の認識論』佐藤良明訳、思索社）
Card, O. S. 1985 *Ender's Game*. Tor Books.（邦訳：カード、O・S　一九八七『エンダーのゲーム』野口幸夫訳、早川書房）
Connolly, B. & R. Anderson 1987 *First Contact: New Guinea's Highlanders Encounter the Outside World*. Viking Adult.
Chiang, T. 1998. *Story of Your Life*. Starlight 2.（邦訳：チャン、T　二〇〇三『あなたの人生の物語』浅倉久志他訳、早川書房）
Clark, A. C. 1953. *Childhood's End*. Ballantine Books.（邦訳：クラーク、A・C　一九六四『幼年期の終わり』福島正実訳、早川書房）
Davidson, D. 1986. A Nice Derangement of Epitaphs. In E. LePore ed., *Truth and Interpretation: Perspectives on the Philosophy of Donald Davidson*. Blackwell, pp.433-446.（邦訳：デイヴィドソン、D　二〇一〇「墓碑銘のすてきな乱れ」『真理・言語・歴史』柏端達也・立花幸司・荒磯敏文・尾形まり花・成瀬尚志訳、春秋社）
Dick, P. K. 1968 *Do Androids Dream of Electric Sheep?* Doubleday.（邦訳：ディック、P・K　一九六九『アンドロイドは電気羊の夢を見るか?』浅倉久志訳、早川書房）

Forward, R. L. 1980 *Dragon's Egg*. Del Rey.（邦訳：フォワード、R・L『竜の卵』山高昭訳、早川書房）

Geertz, C. 1984 Anti Anti-relativism. *American Anthropologist* 86（2）: 263-278.（邦訳：ギアツ、C 二〇〇二「反＝反相対主義――米国人類学会特別講演」『解釈人類学と反＝反相対主義』小泉潤二訳、みすず書房）

Grice, P. 1989 *Studies in the Way of Words*. Harvard University Press.（邦訳：グライス、P 一九九八『論理と会話』清塚邦彦訳、勁草書房）

Hoyle, F. 1957 *The Black Cloud*. William Heinemann.（邦訳：ホイル、F 一九五八『暗黒星雲』鈴木敬信訳、法政大学出版局）

Leinster, M. 1945 First Contact. *Astounding Science Fiction*.（邦訳：レンスター、M 一九七五「最初の接触」伊藤典夫訳、福島正実編『千億の世界』講談社、五七―一〇四頁）

Lem, S. 1961 *Solaris*. MON, Warker.（邦訳：レム、S 二〇〇四『ソラリス』沼野充義訳、国書刊行会）

Quine, W. V. O. 1960 *Word and Object*. MIT Press.（邦訳：クワイン、W・V・O 一九八四『ことばと対象』大出晁・宮館恵訳、勁草書房）

Saberhagen, F. 1967 *Berserker*. Ballantine.（邦訳：セイバーヘーゲン、F 一九八〇『バーサーカー――赤方偏移の仮面』浅倉久志・岡部宏之訳、早川書房）

Sagan, C. 1985. *Contact*. Simon & Schuster.（邦訳：セーガン、C 一九八六『コンタクト』池央耿・高見浩訳、新潮社）

Sperber, D. & D. Wilson 1986. *Relevance: Communication and Cognition*. Harvard University Press.（邦訳：スペルベル、D／D・ウイルソン 一九九三『関連性理論――伝達と認知』内田聖二・中達俊明・宋南先・田中圭子訳、研究社出版）

Wittgenstein, L. 1953. *Philosophische Untersuchungen*. Blackwell.（邦訳：ウィトゲンシュタイン、L 一九七六『哲学探究』ウィトゲンシュタイン全集八、藤本隆志訳、大修館書店）

# 第4章　宇宙空間での生は私たちに何を教えるか

## 宇宙飛行士の経験をめぐって

佐藤知久

これから私がやろうとしているのは、私たちの最も新しい経験と最も現代的な不安を背景にして、人間の条件を再検討することである。

（ハンナ・アーレント『人間の条件』一五頁）

## 1　日常生活の場としての宇宙

### 「宇宙に住む」という感覚

国際宇宙ステーション（ＩＳＳ：International Space Station）に常時数名の人間が滞在するようになった二〇〇〇年以後、人類はすでにその一部が「宇宙空間に住んでいる」といってよい時代を生きている。では彼らは宇宙空間で、いったいどのような経験をしながら生活しているのだろうか？

宇宙に行くことは冒険的偉業である。ロケットで地上数百キロへ舞い上がり、人類がその誕生以来、長きにわたってその表面をわずかに離れることしかできなかった惑星の周囲を何千回も飛翔したあと、ふたたびその星に帰ってくる。想像を絶する行為である。私にはとてもできそうにない。

しかし、本章で注目したいのは、宇宙飛行士たちの華々しい冒険的な経験ではない。もっと地味な、いわば「宇宙に住む」彼らの感覚である。宇宙空間での普通の生活感覚、彼らが何をしたかというより、何もしないときにも感じる、宇宙空間の日常生活を満たす「雰囲気」である。

そもそも人類学の課題は、人類の多様な生活様式を「文化」としてとらえ記述することだ。この作業を通じて人類学者は、生活様式の多様性を視野に入れつつ、人類の普遍的本性について考察することを試みる（それゆえ当然、宇宙空間もそこに人がすでに住んでいる以上、人類学が研究すべきフィールドになる）。異なる文化を生きる人々について知ろうとするとき、人類学者は人々が住む場所に移動し、そこに「住みこむ」。自分が知ろうとする人々と同じ環境に身を浸し、彼らの思考や感情の背景をともに経験するという研究方法（フィールドワーク）によってこそ、異なる文化をよりよく理解できると考えるからである。

宇宙空間に住む人間は、地球外空間という環境に適応した生活様式——宇宙文化——を生み出していくだろう。とすれば、人類学者がそこに住みこんで、宇宙空間を基盤とする人間の生活様式について知ろうと考えることは自然である。問題は「では、どうやってそこに行くか？」だ。

## 宇宙人類学研究

宇宙人類学研究は、すでに本格的に始まっているといっても過言ではない。二〇一二年、国際的な学術雑誌“Anthropological Quarterly”は、「極限——宇宙というホームにおける人類」という特集を組み、宇宙開発現場の科学人類学的研究や、地球外移住希望者の調査などに関する、多彩なアプローチに基づく研究を紹介している（Valentine, Olson & Battaglia 2012）。なかでも本章にとって重要なのは、人類学的な訓練を受けたロシアの宇宙飛行士レベデフが書いた本（Lebedev 1988）を「民族誌」として分析しようと提案する、バターリアの論考（Battaglia 2012）である。

宇宙に関する人類学の博士論文もすでにある（Olson 2010）。著者オルソンは、宇宙開発あるいは宇宙空間という「極限／極限的環境を、そこにおいて本質的な真実や証拠が出現するような、バイタルな（生命に関わる／活気ある／重要な）場（場所／条件）として」見よう、と述べている。本書第三章で木村大治は、「コミュニケーション論においても、『究極の他者』としての宇宙人を想定することによって、……コミュニケーションの成立機序を明らかにすることが期待できる」と述べているが、オルソンの立場も同様だといえよう。彼女の博士論文は、NASAで宇宙開発に関わっている科学者・宇宙飛行士・政策担当者などへのフィールドワークをもとにしたものである。それは、単に物珍しいフィールドとしてではなく、そこにおいてこそ人間に関する本質が見えてくるような場所として、「宇宙」というフィールドをとらえようとするものだ。

宇宙空間における宇宙飛行士たちの生活は、とりわけこうした極限性を持つ。ISSは、人間の生存に必要と思われるほぼ最低限にまで切り詰められた物質的環境である。だからこそ、人間にとって最低限必要な生存の条件とは何か、人間にとって何が必要なのかが見えてくるはずだ（狼ほか 二〇〇八：二一八―二二二頁）。

だとすれば、宇宙空間における文化的な意味での極限性を考えてみてもよいだろう。たとえば、人間が火星に移住するというとき、そこに必ず持っていきたいモノとは何なのか。これは、あらゆる情報が電子化されネットワーク化された現在（ＩＳＳもインターネットに接続されている）において、情報に還元しえないような物質性とは何なのかを問うことでもある。電子化することも、持っていくこともできない何か――「地球性」？――は、果たして存在するのだろうか？　あらゆる情報が電子情報になりえる今だからこそ、地球外への進出という問題設定を通じて、人間の本質的特徴が見えてくるのではないか。

とはいえ、簡単に宇宙空間に行けない以上、本章では宇宙飛行士たちが書いたり話したりしたテキストを主な手がかりとするほかない。以下では間接的にではあるけれども、可能な限り宇宙飛行士たちの言葉や経験をなぞることによって、彼らの日常的経験について考察してみたい。彼らは宇宙空間でどのような生活を経験しているのか。宇宙空間での文化について、またそこから逆に地上で生きる人間について、思考をめぐらしてみよう。

## 2　宇宙空間に住むということ

### 宇宙空間とはどこか

本題に入る前にいくつか基本的な事実を確認しておきたい。

まず、宇宙空間とはどこか。一般的には、地表から一〇〇キロメートル以上、充分に空気が薄く、人工衛星などが周回可能なこの高度から先が「宇宙空間」だとされている。この高度を周回すると、飛行によって生じる地球から離れようとする力と、地球の重力とが相殺し、ほぼ無重力といってよい微小重力（micro gravity）環境が出現する。そこを「地球の外」、地球外空間（extraterrestrial space）としての宇宙の始まりであると考える。ちなみにそこに出たことがある人類は五二四名（二〇一一年末時点）いる。そのほとんどが、アメリカと旧ソ連・ロシアの宇宙飛行士たちであり、男性である（渡辺・ＪＡＸＡ 二〇一二：一〇八頁）。

## どんなところに住んでいるのか

宇宙空間に人間が住む＝長期滞在することを可能にしたのは、一九七一年に開発された世界初の宇宙ステーション、サリュート（ソ連）だ。図1に、長期有人宇宙開発の概略史を示した。サリュート（一九七一〜九一年）は最大定員六名、全長一三メートルの小型宇宙ステーション。続くミール（一九八六〜二〇〇一年）は全長三二・九メートル、最大定員六名。アメリカの宇宙ステーション、スカイラブ（全長二〇メートル、定員三名）は、一九七三年から七四年までと比較的短期間しか運用されなかったが、一九八一年から運行したスペースシャトルに組み込まれたスペースラブでも滞在実験は行われた。

米ソ両国の技術資源が合流し、さらにカナダ・日本・欧州一一カ国が共同して建造したのが、現在の国際宇宙ステーションである。全長一一〇×全幅七四メートル、与圧エリアは九三五立方メートルで、ジャンボジェット機の内部空間のほぼ一・五倍の広さを持っている（狼ほか 二〇〇八：二〇頁）。ＩＳＳは、高度約四〇〇キロで、九〇分間に一度地球を周回している。写真1は、ＪＡＸＡ筑波宇宙センターに展示されている、ＩＳＳと地表との距離関係を示した模型であるが、ＩＳＳが思ったより地球に近いところを飛んでいるのがわかるだろう（スタイン 二〇一一：五四頁）。

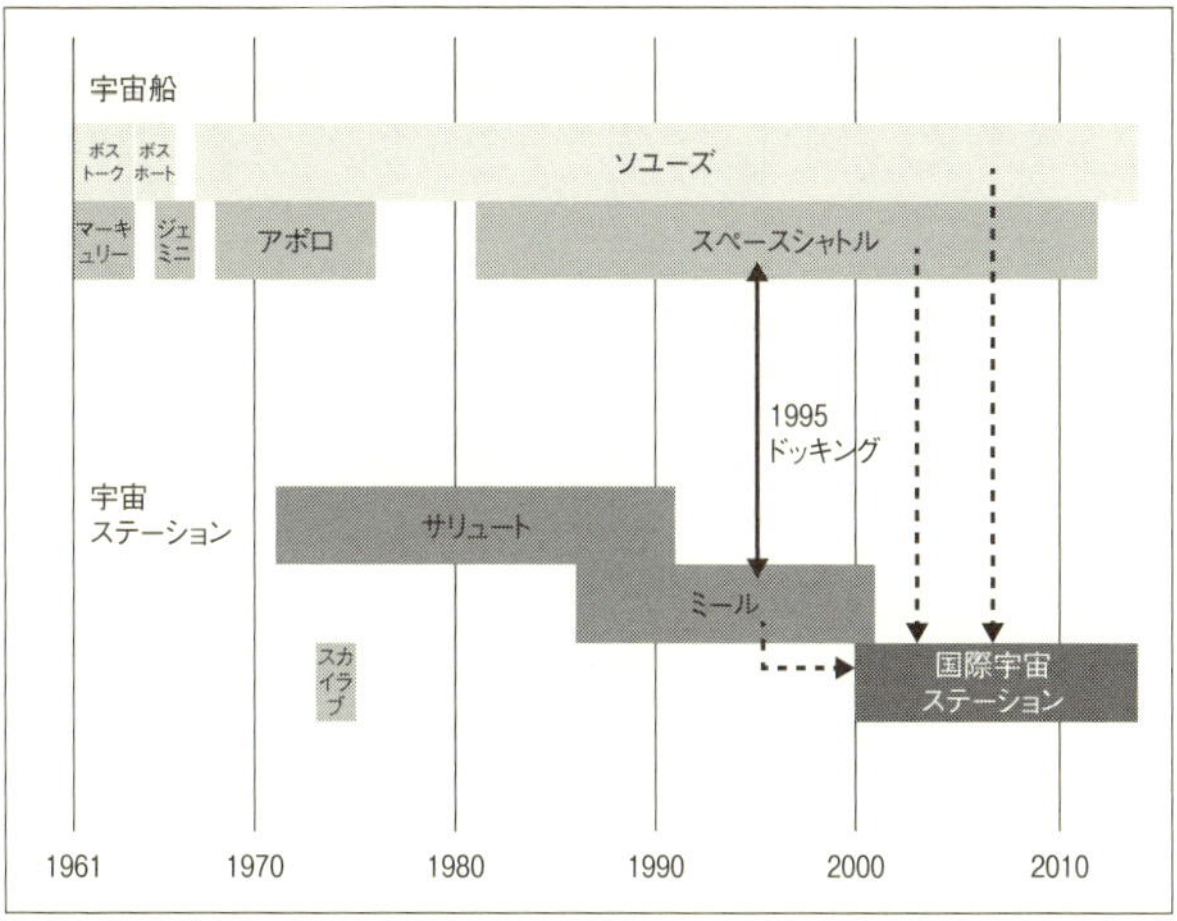


図 1　長期有人宇宙開発の概略（渡辺・JAXA 2012より作図）

写真 1　ISS と地表との距離関係

## 誰がそこに住んでいるのか

ＩＳＳへの長期滞在は、二〇一三年末までに三八回行われ、八九名が宇宙空間に「住んだ」。うち八二名が男性（九二％）。アメリカ人三八名、ロシア人三六名（この二ヵ国でほぼ八割）。軍関係者が四六名（その多くはパイロット）でほぼ半数、次いでエンジニアが二二名、科学者一一名、医師三名、その他となる。

日本人による宇宙飛行はこれまで、のべ一七回行われた。宇宙飛行経験者は九名。そのうちＩＳＳでの長期滞在の経験者は四名。若田光一さん、野口聡一さん、古川聡さん、星出彰彦さんである。本章では彼らが出版した書物を主要なテキストとしている（野口 二〇一一、野口・大江 二〇一二、古川・林・毎日新聞科学環境部 二〇一二、若田 二〇一一、若田・朝日新聞取材班 二〇〇九）。

## 国際宇宙ステーション内部の様子

ＩＳＳの内部がどんな様子かを知るには、インターネットでＮＡＳＡが公開している映像を見るのがわかりやすい（http://www.nasa.gov/mission_pages/station/multimedia/index.html）。

たとえば、ある映像では、ＮＡＳＡの宇宙飛行士サニー・ウィリアムズが、ＩＳＳでの生活の様子を紹介している（http://www.nasa.gov/mission_pages/station/main/suni_iss_tour.html）。無重力での上下の感覚がどんなものか、どんなふうに眠るのか、トイレはどんな作りで尿や便はどう処理されるのか、私物はどこに整理されているか。驚くのは、説明している彼女の様子があまりにも「普通な感じ」に見えることだ。ウィリアムズには五〇〇日ほどのＩＳＳ滞在経験があり、ＩＳＳでの生活に相当慣れていると思われるが、それにしても彼女のリラックスした様子は衝撃的といってよい。

ＩＳＳの生活を映したこうした映像は、ＮＡＳＡやＪＡＸＡのウェブサイト（http://iss.jaxa.jp/library/video/）におびただしくアップされている。ＩＳＳにいる宇宙飛行士の様子や地上との会話が、リアルタイムにユーストリーム（Ustream）でライブ配信されることも珍しくない。彼らの発言をツイッター（twitter）でフォローすることもできるし、彼らにメッセージを送ることも（やろうと思えば誰にでも）できる。宇宙空間という「極地」ではすでに「日常生活」が営まれ、地上の人間もいつのまにか宇宙空間とつながっているのだ。

## 3　長期滞在者の生は何を教えるか

さて、ここからが本題である。ＩＳＳに代表される宇宙での長期滞在者にとって、宇宙空間に住むとはどういう感覚なのか？　それは地上の生とどのように違い、その違いは私たちにどのような知見を与えるのか？　以下では、三つの「変容」という視点から考えてみたい。

第一に、心理的変容という視点から。宇宙飛行によってものの考え方が変わることは、立花隆（立花　一九八三）をはじめ多くの人々によって指摘されてきた。ここでは主に、価値観の変容という側面から検討する。

第二に、身体的変容という視点から。無重力空間では、人間の身体そのものがいくつもの変化を被るが、宇宙飛行士はその変化をどう経験するのか。

最後に、モノと人間との関係に関する変容、つまり環境との相互行為《インタラクション》という視点から。後述するように宇宙空間では、環境やモノと人間との、やりとりのあり方が変化する。私見ではこれこそが、宇宙空間で人類が経験する最大の変容であり、宇宙空間での生活感覚、ひいては宇宙文化のあり方に強く関連する部分だと思われる。順に見ていこう。

## 価値観の変容

最初に、長期滞在経験における心理学的側面について。

カナダの心理学者スードフェルドらは、宇宙飛行士の価値観に関する実証的な研究を行っている(Suedfeld et al. 2010)。これは、一二五名の宇宙飛行士が書いたテキストやインタビューをもとに、彼らが何に「価値(value)」を置いているかを分析したものだ(分析は、価値に関するシュワルツの分類法に基づいて行われた。表1)。用いられたデータは、宇宙飛行士が書いた書物(四六冊)、NASAのオーラル・ヒストリー・プロジェクトが行った宇宙飛行士からの聞き書き、オンラインで公開された飛行中の日記など、すべてパブリックに公開されている、宇宙飛行士全一二五名の口述/筆記資料である。飛行における三つの段階(飛行前・飛行中・飛行後)すべてを含むものは五六名、長期間滞在者(六カ月以上)は六〇名。これらの資料からスードフェルドらは、宇宙飛行士と一般人の価値観の相違、飛行前/飛行後の変化、属性による特徴、長期滞在者に特有の特徴などを抽出している。以下、彼らの分析結果を紹介しよう。

表1　価値に関するシュワルツの分類法

| 項目 | 具体的内容 |
|---|---|
| 1　権　力 power | social power/authority/wealth/preserving public image/social recognition |
| 2　達成 achievement | successful/capable/ambitious/influential/intelligent/hard work/perseverance |
| 3　楽しみ enjoyment | pleasure/enjoying life/humor |
| 4　刺激 stimulation | daring/a varied life/an exciting life/boredom |
| 5　自己監督 self-direction | curious/creativity/freedom/choose own goals/independent/self-respect/self- doubt |
| 6　普遍主義 universalism | protecting the environment/a world of beauty/social justice/wisdom/equality/a world at peace |
| 7　慈悲 benevolence | helpful/honest/forgiving/loyal/responsible/true friendship/mature love/dissension/anger |
| 8　伝統 tradition | humble/respect for tradition/detachment |
| 9　順応 conformity | obedient/honors parents and elders/politeness/self-discipline/assertiveness/respect for others |
| 10　安心・安全 security | clean/national security/reciprocation of favors/social order/family security/sense of belonging/healthy patriotism/loneliness |
| 11　精神性 spirituality | inner harmony/a spiritual life/meaning in life/accept my portion in life/devout/unity with nature/belief in God/detachment from material cares/detachment from desires/ discovering one's true self/membership in religion/solitude |

## 宇宙飛行による変化

一般的傾向と比較すると、宇宙飛行士たちの価値観においては、「達成」「楽しみ」「刺激」などへの価値づけが平均よりずっと高く、「権力」「慈悲」「安心・安全」に価値を置く程度がかなり低い。

宇宙飛行の前後で見ると、飛行後には「権力」「普遍主義」「精神性」が顕著に上昇する。権力に対する価値づけは一般人より低いので、「普遍主義」と「精神性」がとりわけ高まるということになる。ただし、たとえば「普遍主義」のカテゴリーに含まれる項目（「環境を保護すること」「美しい世界」「平等性」「社会的公正」「英知」など）のうち、「美しい世界」は飛行中にピークとなり、飛行後はベースラインまで下降するが、「平和な世界」は逆のパターンを示したり、「精神性」のカテゴリーに含まれる項目（「内的調和」「精神的生活」「人生の意味」「信仰」など）のうち、「自然との一体性」は飛行後に上昇するが、「人生の意味」はその逆のパターンを示すなど、単純に「普遍主義」と「精神性」が上昇する、というわけではないようだ。

興味深いことに、宇宙飛行の前後において、「神への信仰」は飛行後に大きく上昇するが、「特定宗教におけるメンバーシップ」は一貫して下降し続けるという。これは、宇宙飛行が、特定の宗教に対する信仰を深めるのではなく（むしろそれは減少する）、個別宗教の区別を越えた存在への信仰を増大させるということを示唆する。宇宙に行くと宗教がかって帰ってくるとよくいわれるが、宇宙飛行によって深化するのは、特定宗教への信仰ではないのである。

## 長期滞在者特有の変化

最も興味深いのは、滞在期間の長さに基づく相違に関する分析である。スードフェルドらによれば、六カ月以上の長期滞在者は、短期滞在者と比べて「普遍主義」の数値がきわめて高いという。普遍主義（universalism）とは一般に、「自らの言明や理論が特定の地域や個人」「国民国家」などに限定されず、「それらを越えてあまねく妥当する」と考えることだ（廣松ほか 一九九八：一三九〇頁）。前述したように、宇宙飛行士全体においても、普遍主義や精神性についての価値観は強まるのだが、そのなかでも長期滞在者は、普遍主義により多くの価値を置くようになるという。

これらの分析は、宇宙に暮らす彼らの価値観が、特定の地域や国家の差異を越えた、より普遍的なレベルへと移行する傾向を示唆している。ただしこれだけでは、何がこうした変化を生じさせるのか、そしてこうした傾向が彼らの思考や感情においてどのような意味のネットワークを形成しているのかについては、安易な解釈しかできない。

宇宙飛行士たちを対象とする心理学的研究は、スードフェルドらもいうように、メンタルな「問題」の「同定・測定・予防・矯正」に重きを置いたものが主流であったが、今後は「宇宙飛行士の経験を十全に理解するために……研究の焦点を広げることが不可欠」（Suedfeld et al. 2010: 1415）である。価値観の変容についても、個々人の経験により密着するとともに、それがどのような意味のネットワークを生成していくのかについての、より質的なアプローチが求められよう。

## 身体の変容

### 身体の生理的変化

次に、宇宙空間における人間の身体的経験に目を向けてみよう。

無重力環境では、人間の身体に数多くの生理的変化が生じることがわかっている（スタイン 二〇一一、森 二〇一二）。宇宙酔い、鼻づまり、筋肉・骨量の減少、背が伸びる、体液バランスの変化、体形の変化、足の裏の軟化、手の硬化などである。

高真空の環境と背中合わせのまま、窮屈で極度に制限された空間内に住むことは、宇宙ステーション内で居住する際の数多くの不便さの一例でしかない。はるかに深刻な問題は無重力の問題である。無重力下では、動く、座る、寝る、食べる、洗うといったごく普通の活動や身体機能の多くが容易ではなくなる。さらに人間の身体が深刻な生理反応を起こしてしまう。地上でも、長期間寝たきりでいると重力に対抗すべき身体機能の多くが退化することが知られている。（ウルムシュナイダー 二〇〇六＝二〇〇八：二六九頁）

こうした変化を、宇宙飛行士自身はどのように経験するのか。たとえば日本人宇宙飛行士の古川聡は、次のように述べている。

ＩＳＳの無重力環境で暮らしているうちに、体形が変化していく。個人差はあるけれど、ぼくの場合はウェストが六センチメートル、ふくらはぎが四センチメートル減り、上半身が膨らんで体操選手のような格好いい体形になった。さらに顔のしわもなくなって若返る。（中略）これらは全部、身体の中の体液の移動で起きることだ。地上の一G（引用者注：地球上の重力の大きさを一とし、それを一Gと表現する。二分の一Gは地上の半分の重力）の環境では足元に集まっていた体液が、無重力状態になると身体全体に移動する。だから足やウェストが細くなる一方で、首が太く、顔が丸顔になってしまうのだ。

（古川ほか 二〇一二：一二三―一二四頁）

## 身体の変容可能性

古川聡は、自分の身体の変化について、医師として科学的かつ客観的に見つめるとともに、それを自分がどう生きたかを主観的な経験としても記述しており、きわめて興味深い。古川によれば、身体はまず生理的に変化するが、無重力環境に対応しようとする行動によってさらに変容が促されていく。身体の生理的な変化は、環境に対応しようとする人間の適応行動によって促進されるのだ。

自分に起こった身体の変化を観察していると、人間の体は本当によくできているなと感じる。環境に順応していくのだ。宇宙では宇宙にあった身体に、地上では地上にあった身体に徐々に変化していく。使わない機能はどんどん衰えていき、使うところはどんどん鍛えられていく。

（古川ほか 二〇一二：一三一頁）

足は使わないので筋肉が落ちてどんどん細くなり、足の裏も赤ちゃんのように柔らかくなる。手でさまざまな場所をつかんで移動するので、手にまめができて、手の表面が足の裏のように固くなってくる。これらが、数ヵ月の滞在中に起きるのである。引用箇所からは、身体のフレキシブルな変容可能性に、古川自身が驚いていることがよくわかる。

ただし、無重力環境で起きる身体の変容に、すべて適応できるわけではない。野口聡一は、無重力環境での鼻づまりやむくみに、なかなか慣れることができなかったと報告している。

半年間ずっと鼻が詰まった状態が続きます。人にもよりますが、あれはなかなか慣れませんね。鼻声になりますが、鼻水が出るわけではない。(中略)血液の流れが悪くなります。足がむくむ、と言いますよね。地上で普通は溜まっている血液が自然に体中に広がって、逆立ちしている感覚に近くなります。逆立ちは脳みそに血が溜まっている感じがしますよね。あれがずっと続いている。そこまで極端じゃないかもしれませんが、ずっと寝ているような感覚ですね。(野口・大江 二〇一二:七八―七九頁)

逆に、地上に戻ってきたときは、地上の重力に適応できず、「重力酔い」する。「自分の身体が自分の身体でないみたい」で、ほとんどまともに歩けず、あらゆるモノが「ずしりと重い」。

頭ってこんなに重かったかな。(中略)久しぶりに持つ携帯電話が、ずしりと重い。宇宙に行く前の二倍ぐらいの重さがあるように感じる。向井千秋宇宙飛行士は宇宙に行った経験より、地上に戻ってきた時の重力の大きさに驚いたと言っていた。「紙一枚にも重さを感じた」と。(中略)医療用テントで小一時間ほど過ごす間に、ゆっくりと立ち上がってみる。だが、実際には揺れていないのに、頭がぐらぐらと揺れるように感じてしまうし、そもそも自分の身体の重心がどこにあるか、よく分からないのだ。とても立っていられない。自分がまるで、ぐにゃぐにゃで芯のない「軟体動物」になってしまった!! 自分の身体なのに自分の身体でないみたいだ。(中略)それでも両脇から支えてもらいながら、自分の足で歩いてみようとした。ところが、太ももが上がらない! つまづいてしまう。重さのない宇宙では、足の重さを考えずにすみ、わずかな力で太ももを上げることができた。地上に帰ってきたあとも脳は宇宙と同じぐらい足を動かせばいいと考えるらしい。だが地上の一Gの重力の下では、太ももはほとんど上がらないのだ。

(中略)

医師の視点から考えてみると、平衡感覚を司る耳の奥の前庭器官や筋肉の奥の感覚器などのセンサー、そしてセンサーからの入力を元に筋肉に「司令」を出す脳にいたるまで「宇宙仕様」になっているようだ。つまり、帰還直後のぼくの身体は「宇宙人」のままだったのだ。

(古川ほか 二〇一二:三〇―三二頁)

長期滞在者たちは、帰還後に数十日間のリハビリテーションに参加する。彼らは再び身体を変容させ、重力環境に再適応する身体をつくる。宇宙飛行士の身体は、比較的短期間のうちに無重力性に適応し、また短期間で重力に適応する。人間の身体は、こうした高い潜勢力(潜在的な力)を持っているのである。

人類の進化と人間性の臨界

だとすれば、たとえば重力が地球の三分の一強しかない火星への移住は、身体に決定的な変化をもたらすだろう。二分の一G、四分の一G、五分の一Gなど、異なる重力環境に移住するときには、移住者たちの身体はそれぞれ異なる身体へと枝分かれしていくだろう。複数世代にわたる居住が進み、生物学的な適応が進めば進むほど、地球上に暮らす人類グループとは異なる身体を持つ人類集団が生じることになるだろう。

それぞれの身体へと「進化」した移住者たちが、数十世代後に地球に帰還するというSF的状況を想像してみよう。帰ってきた彼らは、その外貌や運動能力において、地上の人間とはかなり異なっているはずだ。彼らを地球人たちは、あるいは彼らは地球人たちを、同じ「人間」と呼ぶだろうか。呼ぶとすれば（あるいは呼ばないとすれば）、それは、どのような意味や権限においてだろうか？

人類はこれまで、生物界で独自の進化戦略をとってきた。人類は他の生物のように、自然環境に身体を適応させるのではなく、自然環境を人工的環境によって補完すること、つまり人工的環境をふくむ環境の方を身体に適応させる方向に進化してきた。だが、火星のような異重力環境への移住においては、人類の技術をもってしても、その環境に一Gの重力をつくりだすことは困難だ（重力子グラビトンが今後発見され、それを操作できるようになれば、この限りではないのかもしれないが）。つまり、異重力環境において初めて人類は、それまでの進化戦略を変更し、他の生物と同じように、自然環境にあわせて身体を適応進化させていくことが予想されるのである。

だがここでも人類は、身体を人工的に改変すること、すなわち遺伝子操作や身体のハイブリッド化／

機械化などの科学技術を用いることも考えられる。自然な進化のプロセスによってではなく、身体そのものを異重力環境に適応するよう人工的に改変してしまう、という戦略である（これは、人間の身体を科学技術を用いて積極的に改変していくトランス・ヒューマニズムをめぐる議論とも関連する。小松・香川 二〇一〇）。

人間はこれまで、自然環境を人工的に補完しながら、種としての生物学的同一性を維持してきた。だが人間の身体自身が枝分かれする、あるいは人間の身体自身が人工的に改変されていくとき、人間性の範囲を人類がどこまで拡張する／しないのかが、改めて問われることになるのである。

## 存在論的変容

最後に、無重力環境たるＩＳＳでの、モノと人間との相互作用について考察しよう。

**基礎定位システムと宇宙酔い**

地上の人類は、視覚、体性感覚（皮膚や粘膜などの表面にある感覚と、筋肉や関節などの深部にある感覚の総称）、前庭感覚（三半規管と耳石器官による平衡感覚）など、複数の感覚を通じて身体の平衡を保ちながら、周囲の環境と相互作用を行っている（森 二〇一二：二四―二八頁）。人間のあらゆる活動は、心理学者ギブソンが「基礎定位システム」と呼んだ、「地表、すなわち、重力や（身体を支える）支持表面といった、環境の変化しない主要なものへの永続的な定位づけ」を基礎としているのである（ギブソン 一九六六＝二〇一一：六九頁）。

しかし、ＩＳＳではこうした「変化しない主要なもの」としての重力や支持表面は存在しない。その結果起きるのが「宇宙酔い」である。

——宇宙酔いは車酔いと似ている感じですか？

——ちょっと違いますね。人間は地球上にいる時は、重力の情報を三半規管とかから得て、上下方向の空間認識を補正しているんですが、無重量環境になると急にその情報がなくなってしまう。だから視覚だけで宇宙船内の空間認識を作ろうとするんだけど、頭の中で思っていた方向と眼の前に現れた実際の宇宙船の向きがあっていないことがある。そうすると脳が混乱して気持悪さに繋がるみたいです。

（野口・大江　二〇一二：七四頁）

## 現存在と空間性

ギブソンによれば、環境内にある「何か具体的で、原初的なもの、つまり、世界のなかで永続するものへの（中略）意識性」は、「ぼんやりとして、基礎的で、止むことのない」意識性だという。それは「暗黙の意識性」（ギブソン　一九六六＝二〇一一：六九、七八頁）であり、私たちの存在の深いところで、私たちの活動を基礎づける枠組みとなっているのだが、ＩＳＳではそれが機能不全を起こすのである。

こうしたことがらは、二〇世紀ドイツの哲学者ハイデッガーの思考を想起させる。というのもハイデッガーもまた、人間存在を、根本的に空間的な特徴を持つものとして考察しているからだ。

ハイデッガーはギブソンと同様に（村田 二〇〇二）、人間を抽象的な三次元空間のなかにいるものとしてではなく、何か具体的なモノのあいだにいるものとして考える。彼の用語でいえば、人間（現存在）とは、自らの周囲にある「何かの用になる用具的存在者」としての具体的なモノと、自身の身体とのあいだに半意識的に積み重ねてきた／積み重ねられてきた、モノの使用をめぐる「莫大な量の交渉」によって構成されている、ということだ。これを指してハイデッガーは「人間存在の根本的に空間的な特徴」というのである。

当然のことながら、個々の人間の周囲にあるモノは、（自然的・文化的・社会的環境に応じて）異なっている。したがって「世界の存在と現存在の存在」とは、個々人それぞれに独特のかたちで《結合》している、とされる。ハイデッガーによれば、この《世界と現存在との独特な結合のあり方》こそが、個々の独特な人間存在のあり方、ひいては個々の文化を構成するのである。

> 現存在は、世界のうちに存在しているがしかし同時に、自分がそのうちで存在している当の世界のおかげで存在しているようなそのような存在者として自分を提示する。（中略）ここにわれわれは、世界の存在と現存在の存在との独特の結合を見いだす。（ドレイファス 一九九一＝二〇〇〇：一一二頁）

人間が世界を理解するのは、こうした周囲にあるモノとの空間的な結合（それをハイデッガーは「親しさ」という）を通じてである。この「親しさ」、「一群の信念やルール」のように明瞭に意識化されるのではなく、「それ自身は意識されても思考されてもおらず、むしろ〈ある〉目立たない仕方で現前している、（中略）第一次的な親密性という背景」（ドレイファス 前掲書：一一七頁）としての基礎的世界との空間的関係こそが、人間存在の基盤にはある。空間は決して抽象的にあるのではなく、われわれにとって「親しさ」としてある。そしてモノとの親密な交渉が、人間が存在するその仕方を、つまり存在論的基盤をつくる。ハイデッガーはそう考えるのだ。

まず、可能的な位置の三次元的多様性が与えられていて、それらが客体的事物によってうずめられる、というようなことは、決してない。このような空間の三次元性は、用具的なものの空間性のなかにまだ包みこまれている。「上の方」とは「天井に」ということであり、「下の方」とは「床に」ということであり、「うしろに」とは「扉のところに」である。どの「どこ」も、すべて日常的交渉の往来によって発見され、配視的に解意されているのであって、静観的な空間測定において確認され記載されたものではないのである。

（ハイデッガー 一九二七＝一九六三：一七八（一〇三）頁）

## ISSにおける存在論的基盤

このように考えてくると、基礎定位システムが機能不全を起こしているISSでは、空間とのあいだにハイデッガーのいうような「親密性」をつくることができないのではないか、と思われる。事実そこでは、モノとのあいだに積み上げてきた交渉の方法が忘れられて、相互作用に支障が生じる。

すでに示唆したように、無重力状態では、絶対的な上や下というものは存在しない。上とは頭の上にあるものである。だが、あなたの上と下がひっくり返ると、すべては異なって見える。例えば、あなたがある器具の骨組みをある場所に適切にとりつけようとするが、上手くはまらないとする。そうするとあなたは、頭のなかでモノを回転させて、あなたがその器具を取り外した時、室内がどちらの方向を向いていたかを思い出そうとする。正しい場所を見つけるまで、しばらくのあいだこうしたことが持続することもある。場合によっては、位置を忘れてしまって、正しい場所を見つけることができないこともある。

(Levedev 1988: 64-65, Battaglia 2012: 1092-1093より引用。引用者訳)

実際にISSでは、モノが地上とは異なる挙動を示すために、すぐになくなってしまう。

——落としものも増えるとか?

——そうですね。テーブルの上に置いたものが動かないという感覚がなかなか抜けません。(中略)でも、最初はつい置いてしまう。(中略)それでけっこうものをなくすということが増える。(中略)いちばん多い「なくしもの」が、食事中のスプーンです。

(野口・大江 二〇一二:八二頁)

モノの「正しい場所を見つけることができない」ということは、《世界と現存在との独特な結合のあり方》としての「世界との親しさ」が失われる、ということにほかならない。だとすれば無重力環境では、ハイデッガーのいうような人間の存在論的な基盤が失われ、世界と人間とのあいだの親密さも機能不全を起こしたままであるほかないのだろうか？

しかし驚くべきことに、そうではないようだ！　長期滞在者たちは、無重力環境に適応する。宇宙酔いは消え、空間移動もスムースにできるようになり、物の使い方にも慣れていくのである。

ＩＳＳでの移動や物の扱い方はだいたい一ヶ月ぐらい経つとスムーズにできるようになります。（中略）無意識に無重量で動けるようになるのが一ヶ月から一ヶ月半ぐらいです。（野口・大江 二〇一二：七五頁）

## 重力を擬制する

「無意識に無重量で動けるようになる」ということは、一Ｇ環境以外の場所においても、基礎定位システムが再構築されていることを示唆する。どのようにして、このようなことが可能になるのか？　いくつかのエピソードをもとに考えてみよう。

第一のエピソード。ＩＳＳでは、プラクティカルに、便宜的なモノの配置を決め、そこに地上と似た規則性を持たせている。

上下左右が決まっていないと心理的にも落ち着かないし、装置類の配置に関して位置と方向の感覚が訓練を受ける地上と大きく異なると、仕事や生活がしにくいということもあります。国際宇宙ステーションの中では、電灯や実験設備などの配置を便宜的に決め、地上と似た規則性を持たせることで、空間認識の感

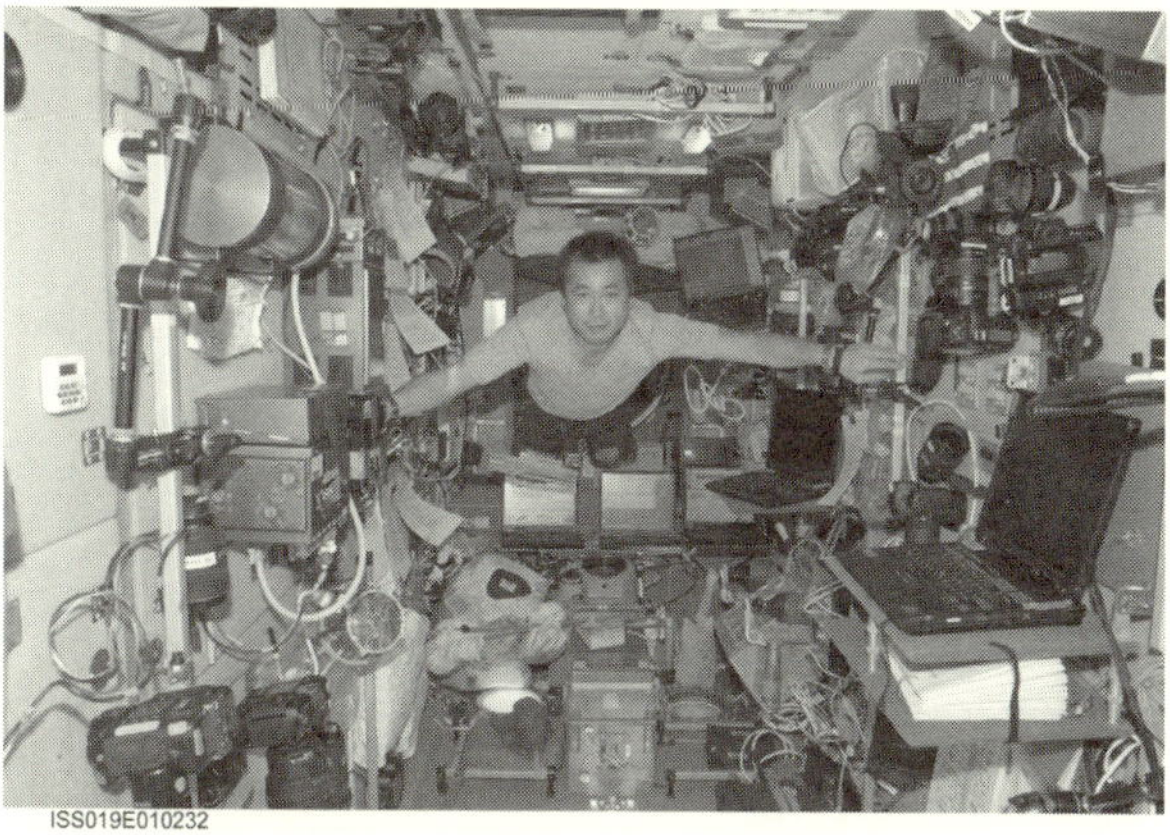

写真2　ISSの内部空間（Ⓒ NASA）

覚に関して生活がしやすいような工夫がなされています。
（若田　二〇一一：一五頁）

無重力環境であるISSには、当然のことながら物理的に感覚される「天井」とか「床」といった区別はない。しかし、四方の壁の一つに照明を配置し、その反対側を青く塗ることで、照明がある壁面を「天井」、青く塗られた側を「床」だと見なすのだ。こうすることで「こっちが天井」「こっちが床」と決めてしまうのである。運動や平衡感覚に関連する三つの感覚の一つである視覚によって、他の二つの感覚を上書きしようとしているといってよい。

実際には無重力環境ではすべての壁面が利用可能であるため、狭いISSの室内空間を有効に利用するためにも、すべての壁は装置や道具で埋め尽くされている（写真2）。モノと空間自体は全方位的になっている。そうした壁に対して、便宜的に天井や床の色を塗り分けて、指定していくのである（こういった配慮の背景にあるのは、他の宇宙飛行士たちとの、モノの在処を指示するコミュニケーションの問題ではないかと思われる)。

## 「足がある方が床になり、頭がある方が天井になる」

第二のエピソード。無重力環境では、たしかに絶対的な上下はないが、次第に自分の頭がある方が天井に、足がある方が床に「感じられる」ようになる、というのである。

ISSでは今まで天井だったところが、身体をひっくり返して足を向けると、とたんに床に感じられる。「足がある方が床」「頭がある方が天井」になるのだ。

その感覚は「だまし絵」に似ている。白と黒の二色の絵で白に注目すると壷に見えるけれども、黒に注目すると二人の人が向き合っているように見える絵がある。ちょうどその絵のように身体をひっくり返すと、くるっと感覚がひっくり返って、今まで天井だったところが床に感じられるようになるのだ。

そうなると、自分の頭の傍らに仲間の足があっても、気にならない。

面白いのは食事の時だ。食事はテーブルを囲んで食べる。皆の顔がテーブルの周りにある。だが足の方向はテーブルの足元にあったり、天上を向いていたりとばらばらなのだ。(古川ほか 二〇一一:一三八頁)

この感覚は通文化的に、複数の宇宙飛行士によって報告されている。ロシア人宇宙飛行士レベデフや、NASAのサニー・ウィリアムズも、まったく同じことを言っている。

このとき何が起きているのか。ここでは、「上」や「天井」の感覚は、身体から伝えられる体性感覚をふくむ自己受容感覚（「身体のあらゆる部位から脳に送られる触覚・痛覚・冷温感覚のこと」（菅原 二〇一三：一二頁））を基盤としていると考えられる。周囲の環境が定位できないとしても、自分の身体はここにある。その自己を受容する感覚を通して、自己は、身体を基軸とした方位感覚を持つことが可能となるのだ。すなわちここでは、自分の身体感覚が「具体的で、原初的なもの、つまり、世界のなかで永続するもの」（ギブソン 一九六六＝二〇一一：六九頁）としての枠組みとなることによって、上下感覚が生じていると考えられよう。

それゆえ、周囲の建造物に対する視覚情報や、青を床と見なすといった「ルール」は、今度は自己受容感覚によって、「無意識的に」すなわち暗黙の意識性として上書きされているのである。見る側の位置によって意味が変化するという意味で、上下感覚が一種の「アスペクト」として立ち現れる、といってもよい。

## 「服が身体に密着しない」

第三のエピソードは、身体に最も近い場所にあるモノ、衣服に関するものだ。

（引用者注：ISSの内部では）服は体に密着していないんです。肌から浮いているんです。地上に帰ってきて、最初のうちすごくイヤだったのが、Tシャツでもなんでも体にまとわりつく感覚があることでした。（中略）くっついているのがイヤでした。

（野口・大江 二〇一二：八五―八六頁）

無重力環境では服が身体に密着しないので、汗をかいても服がサラサラだという。その感覚に対する慣れが生じるために、地上に戻ってくると、モノがベッタリと身体にまとわりついてくることに逆に違和感を感じるのだ。こうなると、地上における、あらゆるモノが身体にまとわりつく感覚が不快になっていく、というのである。

地上では、私たちは、モノの確かな存在感を半ば無意識的に感じつつ暮らしている。手触りや肌触り、身体の重みに反発する手応えなどである。それらがなくなることが常態化することによって、モノとのあいだに新たな関係、ハイデッガー的にいえば新たな「親しさ」がつくられている、ともいえるだろう。

**新たな存在論的基盤の生成**

以上のことがらは何を意味するのだろうか。暫定的にではあるが、以下のようなアイデアを得ることは可能だろう。

第一に、ＩＳＳでは、モノと自分、あるいは周囲の環境と自分との関係が根本的に変わるということ。宇宙空間に住む人間は、基礎定位システム、《世界と現存在との独特な結合のあり方》、彼らの存在論的基盤を揺るがされること。

第二に、ＩＳＳでは一定のルールによって上下を決めるなどの対応策を講じるが、あくまで便宜的なものであり、感覚の混乱を本質的には解決しないであろうこと。

第三に、身体からの自己受容感覚を基準とした上下感覚が外界に照射され、モノとのあいだに（いつでもすぐにくるっと入れ替わる）アスペクト的な意味の関係性が生成されること。

第四に、モノと身体とのあいだの関係性が、密着するものから浮遊するものへと変化すること。

以上のことがらは、無重力環境であるＩＳＳのなかで、モノと身体とのあいだに新たなかたちの交渉が繰り返されていくことによって、両者のあいだに、ある独特な結合のかたちが構造化され始めていることを示しているのではないかと思われる。

宇宙空間に住む人間は、《世界と現存在との独特な結合のあり方》、彼らの存在論的基盤を揺るがされるだけではない。宇宙飛行士たちは一ヵ月ほどの時間を経て、宇宙空間に《世界と現存在との新しい独特な結合のあり方》を生成させていくのである。彼らは、モノたちとのあいだに莫大な量の交渉を続けることによって、無重力空間に、地上には見られない人間とモノとの新たな「親しさ」を構築しているのである。ここに私たちは、宇宙における人間文化の、新たな存在論的基盤の一端を見ることができる。

## 4　宇宙文化のフィールドワークへ向けて

### 宇宙文化と人間性の拡張

以上、宇宙空間における長期滞在者の日常的経験について、価値観・身体・存在論的基盤の変容という観点から考察してきた。長期間宇宙に滞在する宇宙飛行士たちは、より普遍主義的な価値観を持つようになり、その身体は無重力環境に適応して変化し、モノや空間との交渉のかたちは地上とは異なる新たな存在論的構造として構造化される。現時点では、彼らは必ず地上へと戻ってくるため、再び地上の生に適応するが、人類が（たとえば火星への移住のように）より長期間にわたって宇宙空間へと進出するならば、こうしたプロセスはより促進されるだろう。そのとき、《世界と現存在との独特な結合》は、地上とははっきり異なる存在論的構造として、地球外空間に住む人々のなかに立ち現れることになるだろう。それこそが来るべき宇宙文化ではないだろうか。

超長期的視点にたてば、人類の地球外への移住は不可避である。そのとき人類は、宇宙へと進出することで、地上にはない宇宙文化を生み出していくであろう。宇宙への進出以前に、未来の人類は、人間身体への人工的な改変を施すかもしれない。いずれにせよ、そのとき人類は、地上とは異なる存在論的基盤を持つ人間として、新しい生き方をつくりだしていくだろう。

## 地上性とは何か

本章を終えるにあたって、地上に再び戻った長期滞在者たちが最初に何を感じたのかについて述べておきたい。その感覚こそが、宇宙空間に適応した彼らがいわば「地球へのフィールドワーカー」として、最初に感じる地球らしさを示すのではないかと思うからである。

多くの宇宙飛行士は、地上の重力の大きさに驚いたと述べている。だが彼らが地上に感じる差異や懐かしさは、重力だけではないようだ。

たとえば古川聡は、「ISSという人工空間では自然のものが少ない。だから一番見たいのは、自分たち以外の『生き物』だ」と述べている（古川ほか 二〇一二：一四一頁）。野口聡一は、すごく広いひろがりのなかから、小さな音がザワザワと聞こえてくるという感覚が不思議だった、と述べている。

――ＩＳＳでは基本的に機械の音だけですよね。

――そうですね。遠くから聞こえる人の声はない。ザワザワザワと風でなびくような広がりの音がＩＳＳにはない。だから、（引用者注：カザフスタンの草原という）地上に着いて広いところの音が聞こえてきた時は、不思議な感じがしました。（野口・大江 二〇一二：一四五頁）

若田光一は「におい」について、言語化しにくい感覚があったと述べている。

――宇宙から地球に帰還したときの気持ちは？

「地球の匂いを感じた」とでもいうのでしょうか。スペースシャトルのハッチが開いて、地上の風が運んできたほのかな土や草の香りが鼻に届いたとき、「地球に帰ってきたんだなあ」という感じがしました。ほとんど無臭の国際宇宙ステーションの中の環境に順応していたこともあるんでしょうね。木々の匂いや草の匂いが、何とも言えない懐かしさと安心感を私にもたらしました。（若田 二〇一一：一八一頁）

ザワザワザワと聞こえる小さな音や、植物や土の発するほのかなにおい。生物たち。それらが、きわめて広いひろがりをもった空間のなかから立ち現れてくる。静かではあるが無ではない。決して派手ではないが、宇宙空間での経験とは何か決定的に違う何かが、自分の身体を静かに包みこむ。

こうした経験記述は、人間の知覚システムを「包囲」という概念で整理したギブソンの心理学を、あらためて思いおこさせる。地表へ帰還した宇宙飛行士たちの「地上とのセカンドコンタクト」において印象的な感覚が、どれも非視覚的であること、特定の発生源を持たず身体全体を包囲するような感覚であることに注意しよう。風すなわち大気は、音の媒質であると同時に、身体を触覚的に包囲する。においの粒子も同じである。ギブソンは、大気中の振動が、「そこに居合わせるすべての動物を揺する」と述べていた（ギブソン 一九六六＝二〇一一：一九頁）。

こうした感覚が「不思議」「何とも言えない」と表現されていることも興味深い。おそらくそれらは、きわめて微細であるがゆえにどの感覚器官がピックアップしているのかが明言できないような、けれどもたしかに地上の人間がそこに浸され包みこまれ感応しつづけているものなのだ。

ブルー・マーブルの写真は、地球を視覚的に対象化するものだった。それに比較するならば、長期滞在者たちの帰還の瞬間における地上感覚についての報告は、地球を非視覚的に対象化するものだともいえよう。その感覚は、簡便な精神性の用語によってではないやり方で、私たち人間が暮らすこの地上とは何なのかを考える視点を提供しているのである。

## 宇宙のフィールドワークへ

宇宙飛行士たちがもたらしてくれた、極限的な状況だからこそ見えてくる人間性の本質とは何か。本章での検討によれば、それは、人間は地上以外の環境にも適応し、そこに新しい親密性を生み出すことができる、ということだ。人間は無重力環境にも住みこむことができる。人間が持つ生物としての潜在的な力はそれほど大きなものなのだ。ここから得られるのは、私たちは今後、そのような潜在的能力を持つ生物だという理解をもとに、人間性の枠をより広くとらえていくことが必要となるであろう、という知見である。

これまでの宇宙開発では、人間の身体に生じる科学的な変化が数多く記述されてきた。それに対して、無重力に代表される宇宙空間での経験がどのような感覚として生きられ、言語的に表現され、どのような存在論的基盤をつくり、どのようなモノや環境や他の人たちとの相互行為へと制度化されていくのか、それはまだまだ未知の領域である。こうしたことがらを知るために今後重要になることのひとつは、人類学的な訓練を受けたレベデフがエスノグラフィックな宇宙日記を書いて公刊したように、われわれ人類学者が宇宙へ行くということ（それは私ではないかもしれないが）をふくめ、人類学的なトレーニングを受けた者が宇宙空間での生を綿密に記述し、そこに立ち現れてくる新しい文化のかたちを詳細に記述する、ということである。

宇宙空間をフィールドワークするということ。それは、人間とは何か、また地上の生とは何かを、人類というレベルで学的に対象化しうる視点を提供する。それは地上の生を生きるわれわれにとってもきわめてバイタルな知見となりえる、非常に現実的な重要性を帯びた試みなのだ。

### 参考文献

アーレント、H　一九五八＝一九九四『人間の条件』志水速雄訳、ちくま学芸文庫。
ウルムシュナイダー、P　二〇〇六＝二〇〇八『宇宙生物学入門――惑星・生命・文明の起源』須藤靖・田中深一郎・荒深遊・杉村美佳・東悠平訳、シュプリンガー。

狼嘉彰・冨田信・中須賀真・松永三郎　二〇〇八『宇宙ステーション入門』第二版、東京大学出版会。

ギブソン、J・J　一九六六＝二〇一一『生態学的知覚システム――感性をとらえなおす』佐々木正人・古山宣洋・三嶋博之監訳、東京大学出版会。

小松美彦・香川知晶　二〇一〇『メタ・バイオエシックスの構築へ――生命倫理を問いなおす』NTT出版。

菅原和孝編　二〇一三『身体化の人類学――認知・記憶・言語・他者』世界思想社。

スタイン、G・H　一九九七＝二〇一一『宇宙で暮らす！』村川恭介訳、築地書館。

立花隆　一九八三『宇宙からの帰還』中央公論社。

ドレイファス、H・L　一九九一＝二〇〇〇『世界内存在――『存在と時間』における日常性の解釈学』門脇俊介監訳、産業図書。

野口聡一　二〇一一『宇宙より地球へ――Messages from Space』大和書房。

野口聡一・大江麻理子　二〇一二『野口さん、宇宙ってどんなにおいですか？』朝日新聞出版。

ハイデッガー、M　一九二七＝一九六三『存在と時間』上、細谷貞雄・亀井裕・船橋弘訳、理想社。

廣松渉・子安宣邦・三島憲一・宮本久雄・佐々木力・野家啓一・末木文美士編　一九九八『岩波哲学・思想事典』岩波書店。

古川聡・林公子・毎日新聞科学環境部　二〇一二『宇宙へ「出張」してきます――古川聡のISS勤務一六七日』毎日新聞社。

村田純一　二〇〇二「意識の世界内存在と空間性――フッサール、ハイデガー、ギブソン」門脇俊介・信原幸弘編『ハイデガーと認知科学』産業図書、一二一－一四八頁。

森滋夫　二〇一二『宇宙空間と人体メカニズムI　どうして宇宙酔いは起きる？――感覚する脳の混乱と適応』恒星

社厚生閣。
若田光一　二〇一一『宇宙飛行——行ってみてわかったこと、伝えたいこと』日本実業出版社。
若田光一・朝日新聞取材班　二〇〇九『宇宙で過ごした一三七日——僕の「きぼう」滞在記』朝日新聞出版。
渡辺勝巳・JAXA　二〇一二『完全図解　宇宙手帳』講談社。
Battaglia, D. 2012 Coming in at an Unusual Angle: Exo-Surprise and the Fieldworking Cosmonaut. *Anthropological Quarterly* 85（4）: 1089–1106.
Lebedev, V. 1988 *Diary of a Cosmonaut: 211 Days in Space*. Phytoresource Research.
Olson, V. A. 2010 *American Extreme: An Ethnography of Astronautical Visions and Ecologies*. PhD diss.
Suedfeld, P., K. Legkaia, & J. Brcic 2010 Changes in the Hierarchy of Value References Associated with Flying in Space. *Journal of Personality* 78（5）: 1411–1435.
Valentine, D., V. A. Olson, & D. Battaglia 2012 Extreme: Limits and Horizons in the Once and Future Cosmos. *Anthropological Quarterly* 85（4）: 1007–1026.

# 第5章　未来の二つの顔

## 宇宙が開く生物＝社会・文化多様性への扉

大村敬一

## 1　出発点――人類の精神の多重な拡張

### 人類の精神はどこに？

一本の樹木を切り倒す木こりの精神はどこにあるのだろうか。木こりの頭にある脳のなかだろうか。そうではない。かつてベイトソン（二〇〇〇）が指摘したように、斧の一撃ごとに変化してゆく樹木の状態に合わせて自己の運動を調整し、そうした樹木との対話を繰り返しながら最終的に樹木を切り倒す木こりの精神は、木こりの脳はもちろん、木こりの身体、その手にある斧という道具、その斧を通して木こりが働きかける樹木が、その樹木を切り倒すという目的のために一つの連鎖的な環として組織化された回路全体のなかにある。

それでは、自転車に乗っている人の精神はどこにあるのだろうか。これも自転車に乗っている人の脳のなかではない。重力のなかで左右のバランスをとりながらペダルを踏んで自転車を前に進める人の精神は、脳をはじめとする神経回路と内分泌系で複雑に制御される身体、自転車のメカニズム、重力、地面との摩擦などが、複雑に調整されて一つに組み上げられた精妙なシステム全体のなかにこそある。だからこそ、私たちは自転車に乗ることに熟練するにつれて、本来は自己の身体の一部ではなかった自転車というモノをあたかも自己の身体の一部であるかのように感じるようになるのである。

これらと同じことは、旅客機のパイロットの精神にもいえる。ハッチンスら（Hutchins 1996; Hutchins & Klausen 1995; Hutchins et al. 2002）が明らかにしたように、旅客機のパイロットの精神は、コクピットに共に座って協働する副操縦士と航空機関士はもとより、飛行機全体に張り巡らされてコクピットの計器に刻々と情報を送り込んでくるセンサー群、コクピットの操縦システムと連動して飛行機の各部の運動を制御するメカニズム、これらが一つに組み上げられた一機の飛行機というシステム全体に組み込まれ、その全体に拡張している。しかも、飛行機の場合、それだけではすまない。パイロットと機械からハイブリッドに構成される飛行機という一つのシステム全体は、レーダーなどの探知機によって飛行機を追跡し、無線で交信しながら誘導する各地の地上管制の網の目に組み込まれている。パイロットの精神は、人間と非人間（機械）からなる旅客機というハイブリッドなシステム全体をさらに超え、航空管制ネットワーク全体に拡張しているのである。

このように人類の精神の過程は人類個体の身体に閉じ込められているわけではない。最も抽象的で、いかにも頭のなかだけで行われているように思われる計算にすら、このことはあてはまる。たしかに、一＋一や二×六など、簡単な計算は頭のなかだけですることができるかもしれない。しかし、五八六八×二三五九になったらどうだろう。電卓を持ち出すか、紙でも地面でも何か書けるものを探し、そこに数字を書いて筆算をせねばならなくなる。もちろん、その筆算を頭のなかだけで行うことは可能かもしれない。しかし、その場合でも、紙の上での筆算を思い浮かべながらシミュレートしているのではなかろうか。数学者の研究室には必ず黒板があるといわれるように、数学のように抽象的な精神の過程であっても、行為を通した環境との相互作用のなかで初めて可能になるのであって、個体の身体の内側だけで行われるわけではない（木村ほか 二〇一三）。

## 人類の精神の多重な拡張

このように人類の認知過程が人類個体の身体に閉じ込められているわけではなく、さまざまな道具や協働する人々、改変された環境を巻き込む人間と非人間（モノ）のハイブリッドなサーキットとして成立していることが、これまでの認知人類学の成果によって明らかにされてきた。今日、「状況認知」（レイヴ 一九九五、Lave 2011）や「分散認知」（Hutchins 1996）、「拡張した心」（クラーク 一九九七、二〇一二）と呼ばれる認知システムである。私たちは自己から切り離された外界の情報を感覚器によって受信し、その情報を外界から隔離された脳のなかだけで処理して考え、そこでの判断に基づいて行動しているのではない。身体はもちろん、道具や記号などを使いつつ、仲間たちを含めた環境と自己の関係を調整しながら行為しており、精神の過程として一つに分かち難く絡み合った知覚と認知と思考と判断と行為は周囲の環境に拡張しつつ、そこに溶け込みながら浮かび上がってくるのである。

もちろん、環境に拡張する精神は人類だけに限られているわけではない。早くはメルロ＝ポンティが「行動と呼ばれるものは、自分の身体を越えた、有機体内の活動の延長として考えられる。行動に関するかぎり、それは外部のサーキットをつかった生理学的活動である。これと相関して、生理学的活動は内的環境における行動である」（Merleau-Ponty 1995: 234; 河野 二〇〇五：四七頁より引用）と指摘し、生態心理学者や認知科学者たちが明らかにしてきたように（河野 二〇〇五、Ingold 2000）、どんな生物種でも、その認知活動を精神と呼ぶことができるならば、その精神は個体の内部に閉じ込められているわけではない。その精神は環境を改変したり道具化したりしつつ環境を巻き込みながら、個体を超えた回路として成立する個体と環境の関係全体に拡張している。

しかし、人類という生物種ほどに、精神の拡張がどこまでも多重化する生物種はいない。道具をつくる道具をつくったり、その道具をつくる道具を別の道具をつくるために流用したり、改変した環境にさらに別の改変した環境を接ぎ木したり、それら接ぎ木したいくつかの環境を自在に接ぎ木し直したりするのは人類だけであり、そうした精神の拡張の多重性と自在性は他の生物種には見られない。しかも、道具をつくる道具をつくるだけでなく、その道具をつくる道具をつくる道具をつくる道具を……というかたちで、その精神の自在な拡張には際限がない。これは先にあげた飛行機のパイロットの精神の事例に明らかだろう。精神の拡張の際限のない多重性と自在性こそ、人類という生物種に特有な現象なのである。

このように個体を超えて多重に拡張された認知過程は、人類の進化にあたって重要な役割を果たしてきた。人類が生物種として同一なまま、極北圏から赤道直下にいたる地球上のほぼすべての環境に適応して生活することが可能になったのも、モノを動員しつつ複数個体が協働することで構築された人間とモノのハイブリッドなネットワーク（「社会・文化」と呼ばれる）によって、生物個体では実現不可能な認知能力や技能を実現し、身体形質を大きく変えることなく、多様な環境に適応することができたからにほかならない。現在のグローバリゼーションも、そうした人間とモノのハイブリッドなネットワークによって可能になったのであり（ラトゥール 一九九九、二〇〇八）、人類に特有な精神の多重な拡張に支えられている。もちろん、人類の宇宙進出もこの延長線上にある。

## 本章の射程――宇宙が開く生物＝社会・文化多様性への扉

それでは、人類が人間とモノを動員して構築するネットワークには、どのような種類があるのだろうか。そして、そのネットワークには、どのような可能性と限界があるのだろうか。

こうした問いについては、これまでに人類が達成してきた人間とモノのネットワークやシステムを研究することによっても、もちろん探求することはできる。しかし、宇宙への進出が始まってすでに半世紀が経ち、宇宙での人類の活動が進展しつつある今日、新しいアプローチが可能となりつつある。宇宙という人類にとって異質な環境に、これまでのように人間とモノのハイブリッドなネットワークやシステムを築くことで適応してゆくことはできるのか。もし可能であるならば、それはどのようなネットワークやシステムなのか。こうした問いによって、人類の精神の多重な拡張の限界と可能性を探るアプローチである。

このアプローチの可能性を探ることが本章の目的である。もちろん、ＩＳＳ（国際宇宙ステーション）に数名の人類が常駐しているとはいえ、人類の宇宙進出は端緒についたばかりであり、その進出が人類に何をもたらすかは未知数である。今後、人類が宇宙に進出するようになるかどうかさえわからない。しかし、そうした事態にそなえて、精神の多重な拡張という人類の進化史的基盤から人類の宇宙進出の行く末について考察することくらいは許されよう。そのために本章ではまず、精神の多重な拡張という人類の進化史的基盤について概観しながら、これまでに私がフィールド調査を行ってきたカナダ極北圏の先住民イヌイトの社会・文化の現状を一つの例に、精神の多重な拡長という人類の特性が現在どのような地点に到達しているかを明らかにする。その上で、その延長線上に人類の宇宙進出を位置づけ、そこで何が起きそうなのか、つまり、そこで人類にどのような未来が拓かれ、その未来に人類学がどのような任務を果たさねばならないのか、考察してゆきたい。

## 2 人類の進化史的基盤――精神の自在で多重な拡長

現生人類の進化史には多くの謎があるが、その一つに時間をめぐる謎がある。たった約二五万年という進化史的にはあまりにも短い時間で、現生人類はじつに多様で複雑な認知技能を発達させてきた。高度な道具使用を伴う産業や技術、言語をはじめ、記号による複雑な伝達や表象、複雑な社会組織や制度など、それらを発明して維持するために必要な認知技能が、遺伝子のバリエーションと自然選択からなる通常の生物学的な進化のプロセスで一つ一つ生み出されるとするならば、二五万年という時間はあまりにも短かすぎる。

### トマセロの「累進的な文化進化」仮説

この謎を解くために、ドイツの人類学者であるトマセロ（二〇〇六）が提出した仮説が「累進的な文化進化」仮説である。トマセロによれば、唯一現生人類だけが種に特有な文化的継承の様式として「累

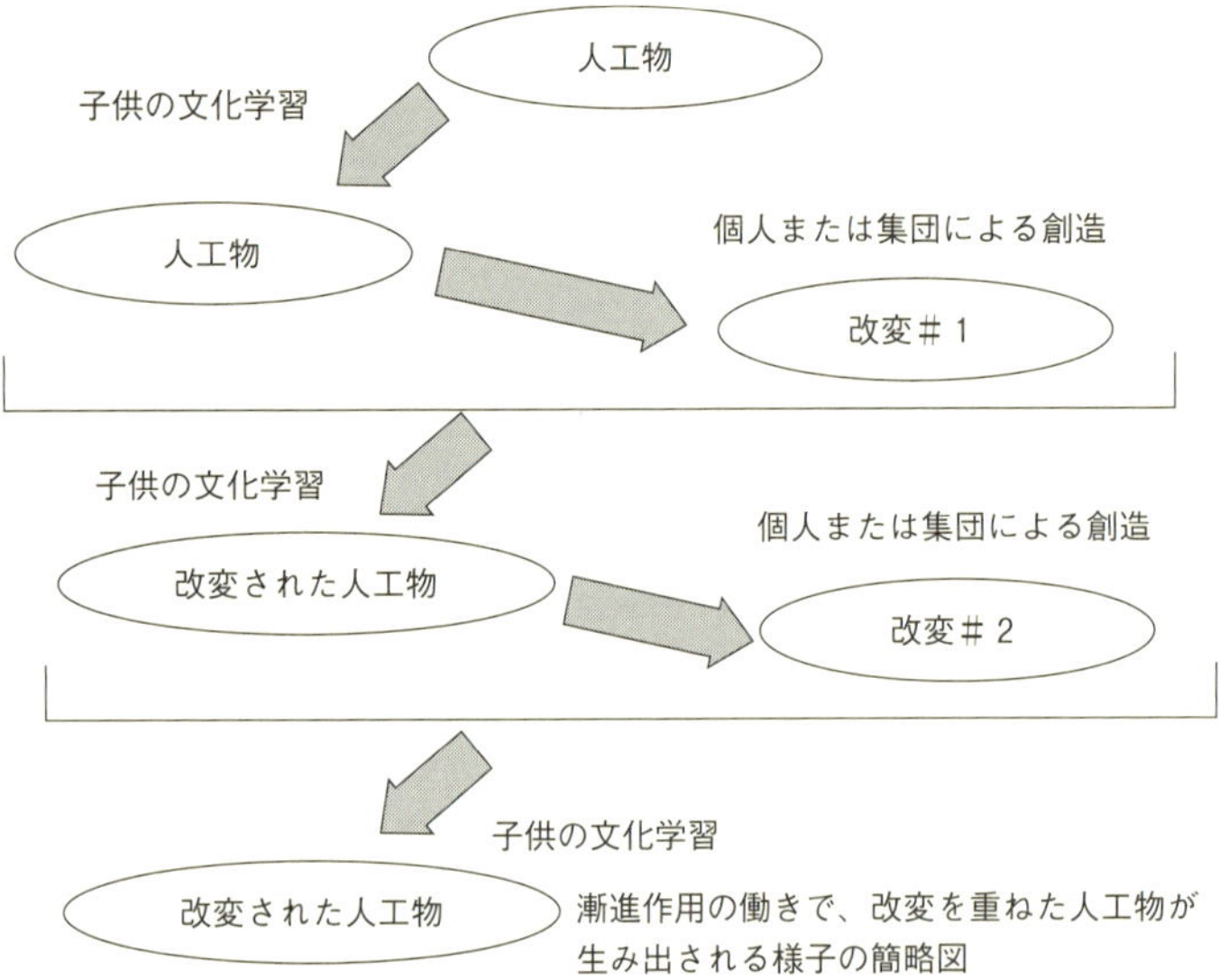


図1　累進的な文化進化の漸進作用（トマセロ 2006：47）

進的な文化進化」という文化的継承のあり方を獲得した。逆転を防ぐツメのついた「ツメ歯車（ratchet）」にも喩えられる文化進化のプロセスには、「創造的な発明が求められるだけでなく、忠実な社会的継承によって歯車が逆に回らないようにすることも同じくらい重要なものとして求められる。これによって、新たに発明された人工物や実践が、新しく改良された形を（少なくともある程度までは）忠実に保ち、さらなる変更や改良へ備えることになる」（トマセロ 二〇〇六：五）。こうした累進的な文化進化のメカニズムがあったからこそ、通常の生物学的な進化のプロセスで達成するにはあまりにも短い二五万年で、現生人類は他の動物種にはない認知技能を発達させることができたのである。

この累進的な文化進化のメカニズムは、次の二つの段階からなる（図1参照）。

**①子どもの文化学習（「累進的な文化進化」のツメ歯車の逆転を止めるツメ）**

子どもや初心者が文化学習を通して既存の認知技能を習得するプロセス。このプロセスを通して、過去に創造されたり開発されたりした認知技能が、未来の創造のための資源として世代を越えて伝えられてゆく。このプロセスがあるために、過去に創造されたり開発されたりした技能が失われることなく伝達されて蓄積され、累進的な文化進化のツメ歯車の逆転が防がれる。

**②個人または集団による創造（「累進的な文化進化」のツメ歯車の駆動力）**

このプロセスで、道具や技法、表象によるコミュニケーションの装置、社会制度など、過去に蓄積されてきた認知技能に基づいて、その認知技能に改良が加えられ、新たな技能が開発される。このプロセスがあってはじめて累進的な文化進化が漸進する。このプロセスは累進的な文化進化のツメ歯車の駆動力となっている。

## 現生人類の二つの心的能力

このトマセロの「累進的な文化進化」仮説をベイトソン（二〇〇〇）の学習進化モデルに基づいて精密化すると、現生人類に特有な心的能力には、累進的な文化進化の二つの段階に応じた二つの能力があることがわかる（大村 二〇一二c、二〇一三c）。

**①「心の理論」を持つ能力（子どもの文化学習に必要な能力）**

トマセロによれば、累進的な文化進化のツメ歯車の逆転を防ぐ文化学習は、「模倣学習」と「教示による学習」と「共同作業による学習」という三つの種類の学習からなり、「同種他個体に対して自己と同じように意図や精神生活をもっている者として理解する能力」（トマセロ 二〇〇六：五）、つまり「心の理論」を持つ能力に基礎づけられている。

「模倣学習」は模範となる同種他個体の行動や行動ストラテジーをその者と同じゴールをもって再現する学習で、そこでは「意図—行動戦略と行動テクニック—結果」の全体が学習される。「教示学習」は知識やスキルのある個体が「トップダウン」式にそれらを同種他個体に与えようとすることで生じる学習である。「共同作業による学習」は知識やスキルのある同種他個体との共同作業を通した学習である。これらの学習は、同種他個体の行動の背後にある意図を理解する能力がなければ不可能である。文化学習には、同種他個体を自己と同じような意図と精神生活を持っている者として理解する能力、つまり「心の理論」を持つ心的能力が必要なのである。

**②文化学習で習得した技能を客体化して操作する能力**（創造的な変革や発明に必要な能力）

ベイトソンの学習進化モデルに従えば、文化学習で獲得した既存の認知技能に基づきつつ、その認知技能に創造的な変革や発明を加えてゆくためには、その文化学習で習得した技能を客体化して操作する能力が必要になる。

幼児期に文化学習を通して習得される認知技能は、慣習的な技法の工程をはじめ、社会的に適切な振る舞い、慣習的な世界理解の方法など、あらゆる種類の習慣であり、それらを「性格」（Bateson 1972: 303）や様式あるいは文化と呼ぶことができる。たしかに、この文化学習によって既存の技能が世代を越えて忠実に継承されるため、後続の世代はすでに開発された技能をはじめから創造する手間をかけることなく、その技能に基づいて新たな変革や発明を行うことができる。しかし、この文化学習で学習された技能や世界理解のあり方は学習者の身に習慣として染みつき、検証されることなき前提や無意識に自動化された技能、つまり文化的バイアスとして学習者の生涯にわたって持続的に作用するため、学習者はそれらに保守的に固執するようになり、それらに変革を施すことが阻害されてしまう。

そのため、文化学習で学習された技能に創造的な変革や発明を施すためには、「身に染みついて検証されることなき前提を問いなおして変えてゆくこと」(Bateson 1972: 303)、すなわち「習慣のくびきからの解放」(Bateson 1972: 303) が求められる。文化学習で身に染みついて無意識に自動化してしまった既存の技能や世界理解のあり方に変革や創造を加えるためには、それらから身を引き離し、それらをもう一度意識化して客体化することができねばならない。そもそも、身につけた技能や世界理解のあり方が無意識のうちに自動化されたままで、意識的に客体化されることがなければ、それらを操作して変えてゆこうと思いつくことすらできないだろう。現生人類が累進的な文化進化を十全に稼働させ、現生人類に特有の認知技能とその産物を発達させるためには、文化学習を支えている「心の理論」を持つ能力だけではなく、その文化学習で学習され、身に染みついて習慣となってしまった自己の技能や世界理解のあり方を客体化して操作する能力が必要なのである。

## 人類の進化史的基盤——精神の自在で多重な拡張

このような二つの能力に支えられた累進的な文化進化は人類に爆発的な創造力を与えることになった。一連の行動連鎖からなる技能を問題解決のたびごとにそっくりそのまま発明する無駄も、その行動連鎖からなる技能をそっくりそのまま身につけて繰り返す硬直性に陥ることもなく、身につけた技能の全体を見渡し、その技能を部分に分割した上で、その部分を並べ直したり、新たな部分を加えたり挿入したりすることによって、身につけた技能を活かしながら改良してゆくことができるようになる。これこそ、トマセロが指摘した人類進化史の秘密である。これら二つの能力に基づく累進的な文化進化を手にすることで、通常の生物進化ではあまりに短い二五万年という時間で、現生人類は複雑で豊かな認知技能とその産物を手にしてきたのである。

こうした累進的な文化進化を支えている二つの能力こそ、冒頭で指摘した現生人類の精神の多重な拡張を支えている能力にほかならない。たしかに、どんな生物種も環境を改変したり道具にしたりしつつ自らの内的活動を環境に拡張することで、環境を巻き込んだ精神の回路を生成しながら生きている。この意味で、環境への精神の拡張は生物すべての特徴である。しかし、道具をつくる道具のように、環境の改変や道具化によって成立した精神の回路にさらに新しい回路をいくつも接ぎ木しながら、それぞれの回路の自律性を保ちつつ自在に組み合わせて新たな一つのシステムに綜合するためには、「心の理論」に基づいて個々の回路の意図を理解し、それら回路を客体化して操作することができねばならない。

そもそも、それぞれの回路を客体化して操作することができなければ、いくつもの回路を接ぎ木することなど思いつきもしないだろう。また、個々の回路の意図が理解できていなければ、それらの回路をどのように接ぎ木すれば全体として首尾一貫したシステムになるのか、見当をつけることすらできないだろう。環境に拡張した精神の回路が客体化され、さまざまな意図の回路ごとにパッケージ化されるようになってはじめて、意図ごとにパッケージ化された多様な回路を次々と接ぎ木していったり、その接ぎ木された回路の組み合わせを自在に変えたりすることで、精神を多重にどこまでも拡張することが可能になる。

トマセロが指摘した累進的な文化進化は、精神の回路が次々と接ぎ木されていったり、そうした回路の組み合わせが自在に変えられたりする現象のうち、とくに時間軸に注目した場合に顕在化する現象にほかならない。もちろん、そうした精神の拡張は、世代を越えた継承のかたちで生じるだけでなく、冒頭にあげた飛行機のパイロットのように空間的にも生じる。私たちの身のまわりを見渡せば、その空間的な拡張が今日いかに大規模になっているか、実感することができるだろう。電子ネットワークや物流網をはじめ、全地球に張り巡らされたさまざまなネットワークに接続することで、私たちの精神は地球全体に拡張することができる。このように、①「心の理論」によって意図を見抜く能力と、②学習された技能を客体化して操作する能力を獲得することで、人類は精神を環境に向けて時間的にも空間的にもどこまでも多重かつ自在に拡張することができるようになったのである。

## 3 現生人類の現状——地球に花咲く人類社会の多重多様性

### 人類進化の二つの帰結

こうした二つの能力に支えられた多重で自在な現生人類の精神の拡張の一つの到達点こそ、グローバリゼーションと呼ばれている現象にほかならない。

今日、道具をつくる道具をつくる道具をつくる……という精神の回路の多重な連鎖は、全地球上に張り巡らされた物流網に支えられて巨大な産業複合体にまで成長している。また、言語や文字をはじめとする情報の回路の多重な拡長は、地球上のみならず地球周回軌道上に張り巡らされた通信ネットワークに支えられて全地球を覆うのみならず、今や太陽系を超えてはるか彼方の銀河群からの情報を受信しながら、私たち人類の精神の領域を拡大し続けている。たしかに、こうしたグローバリゼーションが、地球環境の破壊や南北格差の拡大など、数多くの問題を引き起こしていることは事実である。しかし、そうした精神の多重な拡張が私たちの生活を豊かにし、私たちの精神の地平を拡げるとともに、七〇億に達する現生人類を密接に結びつけ、人々の交流をかつてないほど促進していることもたしかである。解決されねばならない問題を多々抱えているとはいえ、グローバリゼーションという現象は、現生人類の精神の自在で多重な拡張によって実現された偉大な到達点の一つであることに疑いはない（大村 二〇一一b、二〇一一c）。

しかし、ここで忘れてはならないのは、グローバリゼーションの陰に隠れがちではあるが、現生人類の精神の多重な拡張にはもう一つ重要な側面があることである。それは、現生人類の場合、精神の拡張回路が意識的に客体化されてパッケージ化されているため、人類個体には、一つの精神の回路に縛られることなく、いくつもの回路を行き来する生き方が可能になっていることである。実際、現在の地球に見られる精神の拡張回路は、グローバル・ネットワークに限られるわけではなく、それ以外にも複数生み出されており、しかも、それら多重に併存する複数の回路を行き来する生き方が人類のあいだに実現している。

たしかに、グローバリゼーションの影響下で数多くの少数言語が消滅し、地球上の人類の生活様式は均質化してきた。今日、社会・文化や言語の多様性の消失が深刻な問題として憂慮されるのは故なきことではない。しかし、二〇世紀末以来、人類学が地球各地での精緻なフィールドワークを通して明らかにしてきたように、グローバリゼーションが進んでも、全地球の人類が一つのグローバル・ネットワークに吸収されてしまったわけではない（湖中 二〇〇六、三尾・床呂編 二〇一二）。たとえば、カナダ極北圏の先住民であるイヌイトのあいだでは、グローバル・ネットワークに巻き込まれつつも、それ以前から継承されてきた精神の拡張回路が温存され、その回路とグローバル・ネットワークの回路を行き来しながら二重に生きる生き方が実践されている（大村 二〇一〇、二〇一一a）。

## イヌイト社会の現在

イヌイトも私たちと同時代を生きている以上、グローバル・ネットワークと無縁ではない（大村 二〇一三a）。イヌイトが産業資本制経済のネットワークに取り込まれてすでに一世紀以上が経ち、カナダという近代国民国家体制に組み込まれ、カナダ連邦政府が定めた行政村落に定住化するようになって半世紀が過ぎようとしている。

現在のイヌイトにとって、獲物を追って季節周期的に移動する生活はもはや、古老の記憶を通して語られる過去の物語でしかない。たしかに、狩猟や漁労や罠猟などの生業活動は依然としてさかんに行われている。また、その活動を通して入手される野生生物の肉は「真なる食べもの（*niqinmarik*）」として愛好され、その分かち合いは社会の組織化の要であり続けている。しかし、その生業活動もスノーモービルや高性能ライフルで高度に機械化され、セントラルヒーティングで暖められた家屋には、冷凍庫や冷蔵庫、洗濯機や乾燥機をはじめ、パソコンやケーブルテレビ、ＤＶＤ、ｉＰａｄなどの電化製品が溢れている。航空機や砕氷貨物船の定期便で、ハンバーガーやピザなどの加工食品をはじめ、さまざまな物品が運び込まれ、スーパーマーケットでいつでも購入することができる。多くのハンターは政府のオフィスや工事現場などで賃金労働を兼業し、福祉金や交付金、公共事業に依存しており、ニュースで報じられるグローバルな政治・経済の動向に一喜一憂する。

こうした生活を送っているイヌイトがグローバル・ネットワークに組み込まれていることに疑う余地はない。しかも、イヌイト社会はそのネットワークの末端であって中心ではなく、遠く離れた中心の動向からの影響を甘受するほかにない。たしかに、カナダ連邦政府との政治交渉の果実として、事実上の民族自治が実現されたヌナヴト準州（Nunavut Territory）を一九九九年に手にしたとはいえ、世界経済の景気が低迷してカナダの経済状態が悪化すれば、福祉金や交付金は削られ、官公庁のリストラや公共事業の縮減によっていつ職を失うかわからない。しかし、そうであるにもかかわらず、次のことばにあるように、イヌイトは自信に溢れている。

> イヌイトの文化は過酷な極北の環境で栄えてきたし、これからもグローバルな環境のもとで成長し、栄えてゆくことだろう。そのなかで変わらずに残ってゆくもの、過去と現在と未来を繋ぐものは、コミュニティとの一体感、互いに進んでどこまでも助け合う精神、進取の気概と機知に富むこと、要するにイヌイトであること、つまり人間であることである。（GN 1999: 1）
>
> （カナダのヌナヴト準州政府のイヌイトの官僚、ジェイピーティー・アグナカクのことば）

このことばにあるようなイヌイトの自信はいったいどこから来るのだろう。グローバルな環境にただ呑み込まれてしまうのではなく、コミュニティとの一体感を維持しながら「イヌイト」であり続ける、さらには、その「イヌイト」であることこそ「人間」であることだとまで言い切ってしまう自信は、どこから来るのだろうか。

## イヌイト社会に見る人類の多重多様性

その秘密は、彼らがグローバル・ネットワークに巻き込まれつつも、それ以前から継承してきた生業システムという精神の拡張回路を維持し続けていることにある（大村 二〇一〇、二〇一一a、二〇一一b、二〇一二a）。生業システムとは、実現すべき世界を示す存在論によって律せられ、イヌイトの社会・政治関係の基礎的な単位である拡大家族集団を生成して維持する一連の諸活動を通して、イヌイトのあいだで食料が獲得、分配、消費されるシステムのことである（大村 二〇〇九、二〇一二b、二〇一三b）。そこでは、次のような過程で、野生生物との関係とイヌイト同士の関係が不断に更新されることで、イヌイトの社会集団と野生生物の群れからなるネットワークが、「大地（*nuna*）」と呼ばれる生活世界として絶え間なく生成され、その大地にイヌイトの精神が拡張してゆく。

まず、イヌイトが狩猟などの生業技術によって、野生生物の個体と「食べものの送り手／受け手」という関係に入ると同時に、その結果として手に入れた食べものなどの生活資源をイヌイトのあいだで分かち合うことで、イヌイト同士の社会関係が生成される。そして、その分かち合いによって生じた社会関係を通してイヌイト同士の協働が生じ、その協働を通してイヌイトのあいだに生業技術が分かち合われるようになる。さらに、その生業技術の分かち合いを通して蓄積され錬磨される生業技術によって、「食べものの送り手／受け手」という野生生物との関係が新たな個体とのあいだにより効率的に再生産されることになる。つまり、この生業システムでは、イヌイトと野生生物が生業の実践によって結びつけられ、「自然＝社会・文化」として一体化された人間と非人間のハイブリッドな複合体である大地が生成されるのである。

もちろん、こうした循環的な過程で生成され更新される野生生物との関係は一種類の野生生物に限られるわけではなく、さまざまな野生生物種とのあいだに結ばれる。また、そうしてイヌイトと関係を結ぶ野生生物種同士も無関係なわけではなく、相互に関係を結び合い、そうして結ばれる諸関係のネットワークの結節点としてそれぞれの群れを形成している。したがって、イヌイトの社会集団は生業の実践を通して複数の野生生物種と循環的に更新される諸関係の結節点に生成され、さまざまな野生生物の群れの結節点が無数に相互連結したネットワークのなかに、その結節点の一つとして溶け込みつつ浮かび上がることになる。こうしてイヌイト個々人の精神は、生業の実践を通して、イヌイトの社会集団のみならず、さまざまな野生生物の群れが織りなす大地というネットワークに拡張するのである。

この生業システムに特徴的なのは、生業の実践によって生成するイヌイトと野生生物のハイブリッドな回路が、マトゥラーナとヴァレラ（一九九一、一九九七）のいうオートポイエーシス・システムになっており、生業が循環的に実践されるかぎり、自律的に閉じつつ外部に開いた系になっている点である。この回路では、イヌイト同士の関係と野生生物種との関係が循環する閉じた系になっており、そのなかで、生活資源の獲得から社会関係の調整にいたるまでの政治・経済のすべて、つまり生活のすべてが自律的に賄えるようになっている。同時に、この回路は、イヌイト同士の関係と野生生物との関係が循環的に生成するならば、外部から何でも取り入れつつ自らを持続的に維持することができる。このことは、スノーモービルなどの機械類が導入されたり、ピザなどの加工食品が食べられるようになったりしても、生業の循環が途絶えることがなかったために、さまざまな社会・文化の変化を経てもなお、イヌイト社会の継続性が保たれてきたことに示されている(eg. 岸上 一九九六、スチュアート 一九九五、Wenzel 1991)。

これこそ、イヌイトがグローバル・ネットワークに従属しつつも自信を失わない理由である。たとえグローバル・ネットワークに取り込まれ、そのなかでどんなに周辺化され、支配、管理、搾取されていようとも、そのネットワークとは自律的に作動する生業システムさえ維持されていれば、支配と管理と搾取のネットワークからいつでも離脱し、大地に拡張する精神の拡張回路のなかで生活のすべてを賄うことができる。つまり、いよいよとなれば、グローバル・ネットワークとの接続を切ってしまっても、イヌイトは生きてゆくことができる。その意味で、イヌイトにはもう一つの選択肢が確保されている。ネットワークの外に出てしまえば、イヌイトはネットワークに屈服しているわけではなく、大地と一体化した「イヌイト」として自律しているのである。

こうしたことがイヌイトに可能なのは、イヌイトたちが一九七〇年代以来の先住民運動の政治交渉を通して生業システムを維持する努力を積み重ねてきたからにほかならない(大村 二〇一〇、二〇一一b)。しかし、そうしたイヌイトの努力が可能になるためには、その前提として、イヌイトを含めた人類に、精神の拡張回路を多重に複数生み出すとともに、それらを並列して維持し、それら回路のあいだを行き来しながら多重に生きる能力がなければならない。精神の拡張回路が一つしかなければ、あるいは、たとえいくつかの回路があっても、それら回路が意識的に客体化されていなければ、それら複数の回路を維持しつつ、状況に合わせてそれらのあいだを行き来することなど思いつくことすらできないだろう。

## 地球に花咲く人類社会の多重多様性

このように複数の拡張回路を行き来する生き方はイヌイトに限られることではない。今日、グローバリゼーションという現象のなかにあっても、欧米を中心に全地球に拡がったグローバル・ネットワークだけでなく、イスラムのネットワークや華僑のネットワークなどの広域ネットワークからイヌイトの生業システムのような局所的なネットワークにいたるまで、さまざまな精神の拡張回路が多重に併存し、それら回路のあいだを人々が行き来しながら生きている（三尾・床呂編 二〇一二）。人類は自らの精神を多重かつ自在に拡張する能力によって、その精神を全地球に拡張するだけではなく、多重に拡張しながら多様な精神のあり方をもって生きることができるようになったのである。

このことは、現生人類が生物種として同一でありながら、赤道直下の熱帯から極北のツンドラ地帯にいたるまで、地球上の多様な環境に適応しながら全地球に拡がることができた理由でもある。精神を環境に拡張するだけでなく、そうして拡張した精神の回路をいくつも多重に維持しつつ、それら複数の回路を自在に行き来することができるということは、精神を拡張するための回路が客体化され、身体外部に脱着可能なオプションとして新たにつくりだされたり改良されたりすることができるということである。地球上の多様な環境と出会ったとき、ある特定の環境に特化したかたちでそれ以前に開発された一つの回路に縛られることなく、それぞれの環境条件に合わせて多様な回路を脱着可能なオプションとして生み出し、それらの回路を選択的に利用することで、人類は生物種としての同一性を保ちながら地球上のあらゆる環境に適応してきたのである。

こうした脱着可能な精神の拡張回路こそ、これまで人類学が「社会・文化」という名のもとで描き出してきたものにほかならない。精神を多重に拡張する能力を手にすることで、現生人類は自らの精神の回路を地球全体に拡張するのみならず、その地球上のさまざまな環境に根づいた多様な社会・文化の回路を花咲かせてきた。この意味で、精神を多重かつ自在に拡張する能力の結果として、今日の人類は二つの顔、すなわち、①全地球に拡張する精神の回路としてのグローバル・ネットワークという顔と、②地球上の多様な環境に根ざした局所的な精神の回路という顔を持つようになったといえるだろう。

## 4　宇宙が加速する多様性——現生人類の精神の多重拡張能力への挑戦

それでは、このように多重かつ自在に精神を拡張する現生人類の能力には、どのような可能性と限界があるのだろうか。

この問いについては、これまでに人類学が行ってきたように、人類が達成してきた多様な精神の拡張回路を研究することによっても探求することはできる。しかし、宇宙への進出が始まってすでに半世紀が経ち、宇宙での人類の活動が進展しつつある今日、もう一つ、新しいアプローチが可能となりつつある。宇宙という異質な環境において、これまでのように脱着可能なオプションとして精神の拡張回路を築くことで、どこまでその環境に適応してゆくことができるのか。それが可能であるならば、それはどのような精神の拡張回路なのだろうか。こうした問いによって、人類の精神の多重な拡張の限界と可能性を探るアプローチである。

## 宇宙が加速する人類の多重多様性

地球という環境に適応することで進化してきた人類という生物種にとって、宇宙という環境は過酷な環境である（立花 一九八五）。空気や水や食べものをはじめ、生物学的に最低限必要な資源がないどころか、宇宙線が降り注ぎ、太陽風にさらされる宇宙空間では、人類という生物種が生存すること自体が至難である。また、これまでに達成されてきたように、たとえ生命維持を可能にする環境を宇宙空間に実現できたとしても、そこで活動するためには地球上とは異なる能力や技能が必要とされる。本書の佐藤論文にくわしく論じられているように、微少重力の環境下では、宇宙酔いなどの感覚器官の混乱をはじめ、骨格や筋肉の退化など、生体組織が甚大な影響を受けるのみならず、認知能力や身体技能が攪乱され、モノ一つ動かすにも、ねじ一本締めるにも、その環境に適した技能が必要とされる。

しかし、そうした困難を乗り越えて、地球全体を覆ったグローバル・ネットワークという精神の拡張回路は宇宙に向かってすでに拡張し始めている。そして、月面有人探査はもとより、ミールやＩＳＳなどで実現されているように、まだごく少数の訓練を受けた宇宙飛行士が特殊な任務にたずさわる場合に限られているとはいえ、人類は宇宙空間で実際に活動するようになっている。そこでは、本書の佐藤論文をはじめ、宇宙での人類の活動について調査と研究を始めている人類学者たちが指摘するように（e.g. Battaglia 2012; Codignola & Schrogl eds. 2010; Landfester et al. eds. 2011; Valentine et al. eds. 2012）、宇宙に適応した新たな精神の拡張回路がすでに芽生え始めている。

たとえば、重力によって上下が固定されていない微少重力のもとでは、方向感覚が簡単に失われてしまうだけでなく、地球上では単に何かの上に置いておけば固定されるモノがいつのまにか漂い出してしまったり、少し操作を誤るだけでペンがミサイルに変わってしまったりする。そのため、ミールやＩＳＳの内部で身体を動かしたり、道具などのモノを整理したり操作したりするために、微少重力下の環境に適応したやり方が新たに工夫されつつある。また、そうした微少重力下での閉鎖的な環境は社会関係にも影響を与え、たとえば、地球上での国籍にとらわれない人間関係をはじめ、微少重力下での閉鎖的な空間に適した協働や社交の作法など、宇宙での活動に適応した社会関係が生まれつつある。

もちろん、惑星や小惑星など、太陽系内でも多様な環境があることを考えれば、宇宙に進出することで新たに開発されてゆく精神の拡張回路は、現在すでに宇宙に拡張しつつあるグローバル・ネットワークに限られるわけではないだろう。むしろ、地球を基点に宇宙に拡張してゆくネットワークを足がかりに、人類は惑星や小惑星などの多様な環境と出会った先々で、それぞれの環境に適した多様な回路を生み出してゆくに違いない。そして、今日、地球の多様な環境に適応した社会・文化として局所的に開発されて維持されてきた多様な精神の拡張回路が、グローバル・ネットワークという広域の拡張回路と多重に併存しているように、将来、惑星や小惑星などの多様な環境に局所的に適応した精神の拡張回路が、その足がかりとして現在宇宙に拡張しつつあるネットワークと多重に併存するようになるだろう。

地球上での人類の現状に二つの顔があるように、宇宙での人類の未来にも、①多様な環境に局所的に適応した精神の拡張回路である社会・文化の多様性と、②その苗床として拡張し続けるネットワークという二つの顔が生じることになるのである。

しかも、人類学者のマサリら（Masali, et al. 2010; Pálsson 2010）が微少重力下における人類の身体形質の進化の可能性について指摘しているように、宇宙空間で世代が交代した場合、人類の身体がそうした環境に適応して変化してしまう可能性がある。たしかに、これまでにも、寒冷地適応をはじめ、現生人類は地球の多様な環境に適応する過程で身体形質の変化を経験してきたが、そうした変化はあくまでも同じ生物種の枠内での出来事だった。しかし、本書の佐藤論文が指摘しているように、宇宙飛行士の身体が数ヵ月間の宇宙滞在で微少重力の環境に急速に適応してしまい、地球に戻ると地球の環境に再適応せねばならないほどであることを考えれば、宇宙で世代交代が起きた場合、現生人類の身体形質の変化はこれまでになかったほど大きなものとなるだろう。さらに、遺伝子工学やサイボーグ医療での技術の発達を考えれば、宇宙に進出した現生人類が自らの身体形質を宇宙の環境に合わせて改造する事態さえありえないことではない（Pálsson 2010）。

このように考えてくると、宇宙への進出はこれまでにないほどの規模の多様性を人類にもたらすと想定することができる。現在すでに宇宙に拡張しつつあるグローバル・ネットワークを足がかりに人類の精神が拡張し、惑星や小惑星などの多様な環境と出会うたび、それぞれの環境に適応した新たな精神の拡張回路が開発され、宇宙にまで拡張したネットワークを苗床に、そのあちらこちらに、それぞれの環境に適応した多様な回路が新たな社会・文化として育って開花してゆくだろう。しかも、こうした宇宙の多様な環境への適応は、地球上のさまざまな環境への適応とは異なって、身体外部に脱着可能な精神の拡張回路だけでなく、身体形質それ自体にも変化をもたらし、これまでのような社会・文化の多様性だけではなく、生物学的な多様性と社会・文化の多様性が相乗的に複合した生物＝社会・文化的な多様性が爆発的に生じるに違いない。

## 宇宙――現生人類の精神の多重拡張能力への挑戦

それでは、宇宙への適応を通して、どのような生物学的な身体形質の変化が生じ、どのような精神の拡張回路が新たな社会・文化として築かれてゆくのだろうか。そうした生物学的な身体形質の変化と精神の新たな拡張回路の開発を通して、宇宙という新たな環境に人類はどこまで適応してゆくことができるのだろうか。そして、そうした宇宙への適応を通して、精神の拡張回路のみならず、生物学的な変化を遂げてしまった未来の人類も、私たち現在の人類と同じ人類であると考えることはできるのだろうか。それとも、新しい生物種として人類は生まれ変わってしまうのだろうか。

宇宙というフロンティアは人類学にこのような問いを突きつけてくる。もちろん、グローバル・ネットワークがようやく地球近傍の宇宙に拡張し始め、宇宙での人類の活動が端緒についたばかりにすぎない現在、こうした問いに答えることは難しい。しかし、すでに二〇〇七年に欧州科学財団（European Science Foundation：ＥＳＦ）や欧州宇宙政策研究所（European Space Policy Institute：ＥＳＰＩ）などが今後五〇年の人類の宇宙進出について考察するために人文社会科学者を招いて開催した学際シンポジウムで検討されているように（Codignola & Schrogl eds. 2010; Landfester, et al. eds. 2011）、人類の宇宙進出を想定し、そこで何が起きるのかを予測しながら、そこで人類学が果たさねばならない任務について考えることは許されよう。むしろ、そのような考察を始めることは、すでにグローバル・ネットワークが宇宙に拡張し始めている今日の状況にあって、「人類はどこから来て、どのような存在であり、どこに向かうのか」を問う学問である人類学の重要な任務の一つではなかろうか。

そこで、最後に、ＥＳＦやＥＳＰＩが二〇〇七年に主催したシンポジウムで採択された「宇宙空間における人類に関するウィーン構想（The Vienna Vision on Humans in Outer Space）」を参考に、今後の人類の宇宙進出を想定し、そこで人類学が果たすべき任務について考えてみたい（ESF 2010）。ウィーン構想においては、すでに人類は宇宙への旅を始めつつあるという認識にたって、今後五〇年間の人類の宇宙進出に三つの時期を想定している。それは、①地球周回軌道で活動が行われる「第一次オデッセイ（First Odyssey）」、②地球周回軌道の外側に探検が行われる「第二次オデッセイ（Second Odyssey）」、③地球外への移住が行われる「第三次オデッセイ（Third Odyssey）」である。ここでは、この三つの時期区分を一つの指針に、ウィーン構想を参考にしながら、本章での考察に基づいて、人類の宇宙進出において人類学が担うべき任務について考えてみよう。

### 第Ⅰ段階——第一次オデッセイ期

特殊な訓練を積んだわずかな宇宙飛行士が特殊な任務を果たす場合に限られているとはいえ、地球周回軌道上で人類が活動し始めている現在、この第Ⅰ段階はすでに始まっている。ウィーン構想では、この段階で、宇宙空間での活動に関するさまざまな技術的な問題が取り組まれ、その結果が人類の宇宙での活動を可能にするのみならず、その派生効果によって地球上の問題の解決にも貢献するとされる。また、人類のあいだに国民国家を超えた地球人としての意識が高まり、ＩＳＳなどの運営を通して新たな協働関係が築かれてゆく。さらに、この時期に宇宙空間での活動をめぐる法の整備が進められ、宇宙空間の平和利用を推し進める方法が模索される。

本章での考察に基づいて考えれば、この段階は、これまで全地球に拡張されてきたグローバル・ネットワークが地球周回軌道の外の宇宙空間に拡張する準備が整えられる時期であり、ＩＳＳをはじめとする地球周回軌道上での人類の精神の拡張は、地球を基点にグローバル・ネットワークの延長として展開されることになるだろう。現在のＩＳＳでの人類の活動に見られるように、この段階では、人類の生存に必須の資源の運搬をはじめ、航行の管制やさまざまな活動の支援など、宇宙空間での活動は地球上のグローバル・ネットワークの支援なしには成り立たない。この段階では、地球上に張り巡らされたグローバル・ネットワークの延長線上で、その後の第Ⅱ段階と第Ⅲ段階の準備が整えられ、先に指摘した生物＝社会・文化の多様性が花開くための苗床が育てられることになる。

しかし、そうした準備段階であるとはいえ、先に指摘したように、すでにミールやＩＳＳでは宇宙空間に適応した精神の拡張回路が開発されつつある。この段階で人類学が果たすべき任務は、ＩＳＳなどの地球周回軌道上の宇宙基地で、隣接分野の心理学や医学や生物学と協力しながらフィールドワークを実施し、そうした拡張回路を記述・分析することで、人類の精神の拡張回路と生物学的な身体形質の変化の可能性と限界を探り、第Ⅱ段階と第Ⅲ段階の準備を進めることにあるだろう。

## 第Ⅱ段階――第二次オデッセイ期

第Ⅰ段階を足がかりに地球外に探検が行われる段階で、ウィーン構想では、その探検を経てさまざまな発見がなされ、新たなエネルギーなどの資源開発が進むとともに、探検での国民国家を超えた協働の必要性や法整備を通して新たな社会関係が築かれてゆくとされる。

本章での考察に基づけば、この段階も、第Ⅰ段階の延長線上でグローバル・ネットワークが宇宙に拡張し、人類の生物＝社会・文化の多様性が花開くための苗床が整備されてゆく段階であるといえる。この段階では、長距離の探検に伴って宇宙での人類の活動は長期間におよび、その活動を支えるロジスティックにもある程度の自律性が求められるようになるが、その活動は依然として地球を基点とするネットワークの延長線上にある。

この段階の人類学の任務は、地球外への探検隊に参加してフィールドワークを実施し、第Ⅰ段階の場合と同様の調査を行うことにあるといえるだろう。その探検で、どのような精神の拡張回路が開発され、人類の身体形質にどのような生物学的な変化が生じるかについて調査・分析することで、第Ⅲ段階の準備を整えるのである。

## 第Ⅲ段階――第三次オデッセイ期

この段階は、惑星や小惑星や衛星などに人類が移住をはじめ、地球外で子どもが誕生することで始まる。ウィーン構想では、この段階で人類は何らかの地球外生命体と遭遇するとともに新たな環境に適応し始め、人類の生活様式はもとより、信念や価値観に決定的な変化が生じるため、人文社会科学による調査と研究が本格化することになる。

本章での考察に基づけば、この段階こそ、それまでの二つの段階で整備されたネットワークを苗床に人類の生物＝社会・文化の多様性が芽吹き始める時期であるといえるだろう。ラグランジュ・ポイントに建設されるスペース・コロニーであろうと、火星であろうと、小惑星であろうと、月や外惑星の衛星であろうと、地球とは異なる環境に人類が住み着き、そこで誕生した子どもたちが育つなかで、地球を基点とするネットワークとは接続を保ちつつも、そこから自律した生活が営まれ始める。もちろん、この段階で、人類の身体形質にどのような生物学的な変化が生じるのか、そして、どのような精神の拡張回路が開発されてゆくのかについて予測することは難しい。しかし、少なくとも、この段階では、これまでに考察してきたように、地球を基点に拡張してきたネットワークを苗床に、小惑星や惑星や衛星など、それぞれの環境に局地的に適応した精神の拡張回路が育ち、生物＝社会・文化の多様性が芽吹き始めることだけは間違いないだろう。

この段階での人類学の任務は、これまでに地球上で人類学が実践してきたように、こうしてさまざまな環境に芽吹き始めた多様な精神の拡張回路の場に赴いてフィールドワークを実施し、それぞれの移住先でどのような生物＝社会・文化が築かれてゆくのかを調査・分析することで、人類の可能性と限界を探ることにある。この際に重要なのは、現在の人類学に求められているように、すでに地球上で花開いている多様な精神の拡張回路はもとより、太陽系の各所に芽吹き始めた多様な精神の拡張回路が、それらを結びつけるネットワークとして全地球から太陽系内全体にまで拡張した長大な精神の拡張回路と多重に共存するための道を模索することであろう。

こうして地球上と太陽系のそこかしこに花開いてゆく多様な生物＝社会・文化には、太陽系外のさらに多様な環境に人類が適応してゆく可能性を探る場として、人類の未来への可能性が秘められているに違いない。また、それら多様な生物＝社会・文化をそれらの苗床として結びつけるネットワークには、多様な生物＝社会・文化が共生しつつ交通するための基盤を提供する可能性のみならず、太陽系の外に向かって拡張することで太陽系外に新たな生物＝社会・文化を生み出す可能性が秘められていることだろう。そうした生物＝社会・文化の多様性はもちろん、それら多様性の苗床として多様な生物＝社会・文化の交通を支えるネットワークを尊重し、それらの行く末を見据えることで人類の未来の可能性と限界を探ることこそ、この第Ⅲ段階での人類学の任務となることだろう。

このとき、人類学には人類とは何かという問いがあらためて突きつけられるに違いない。本書の磯部論文が指摘するように、太陽系のさまざまな環境に適応した人類は、今の私たちの目には人類には見えないほど奇怪な姿に変貌している可能性が高いだろう。身体組織は大きく変化するだろうし、全身を機械化したサイボーグになっているかもしれない。あるいは、脳はタンパク質の組織ではなくなり、シリコン・チップに代わっているかもしれない。そうして大きな変貌を遂げた身体の外側に拡張する精神の拡張回路は、さらにいっそう大きな変貌を遂げていることだろう。そうした人類の生物＝社会・文化の多様性のなかにあってもう一度、人類とは何かという問いに挑戦することが人類学に求められるのである。

そのとき、バタ－リア（Battaglia 2005, 2010）が想定しているように、自己と他者の境界を含め、差異をどのように捉えなおすかがあらためて問いなおされ、その差異を超えて相互に交通する可能性を探ることが人類学に要求されることだろう。生物＝社会・文化の多様性が進み、本書の木村論文が指摘するように生物学的に相互の共約可能な基盤が希薄になっていってもなお、共約不可能性を超えて相互に交通することは可能なのか。この問いは、本書の木村論文やウィーン構想が想定しているように、この時期に人類が地球外生命体と出会うことになれば、さらに深いものとなるに違いない。

## 5　未来の二つの顔——宇宙が開く生物＝社会・文化多様性への扉

本章では、現生人類の認知技能に関するトマセロとベイトソンの仮説に基づいて、人類の認知技能の進化史的基盤は多重かつ自在に精神を拡張する能力にあるという仮説を立て、その進化史的基盤に位置づけながら、現生人類の現状を検討するとともに未来における人類の宇宙進出について考察し、そこで人類学が担うべき任務について考えてきた。この考察を通して明らかになったことは、意外と凡庸でごく当たり前のことであるといえるかもしれない。これまで人類学に求められてきたように、端緒にある未来の宇宙人類学にあっても、人類の多様性に人類の可能性を見出し、その多様性の増殖のなかにあってもなお、相互の差異を超えて交通する可能性を探ることが求められることだろう。

たしかに、富める者はますます富み、貧しき者がますます貧しくなるという全地球規模で進展する政治・経済的な格差、地球上の多様な環境に社会・文化の多様性として花開いた多様な精神の拡張回路を呑み込んだり排除したりすることで実行される少数者の抑圧と根絶、地球環境の破壊など、グローバル・ネットワークには解決せねばならない無数の問題がある。しかし、そのネットワークが社会・文化の多様性を超えて七〇億にも達する人々をつなげ、相互の交通を可能にし、さらには、人類の精神を宇宙にまで拡張してきたことも事実であり、そうした交通可能性と拡張性は人類が達成した貴重な資産でもある。そのグローバル・ネットワークを全否定するのではなく、その問題点を克服しつつ交通可能性と拡張性を維持しながら、地球上に社会・文化として花開いた多様な精神の拡張回路をいかに維持してゆけばよいのか。すなわち、人類の多様性とその多様性を超えた交通可能性という二つの顔をいかに維持してゆけばよいのか。すでに別稿（大村 二〇一一b、二〇一一c）で論じたように、今日の人類学はこうした問題に取り組むことを求められている。

これとちょうど同じように、未来の宇宙人類学にも、太陽系に、さらには太陽系外に向かって驀進するネットワークという顔のみならず、そのネットワークを苗床に花開いてゆく生物＝社会・文化の多様性という顔を人類が維持してゆく道を切り拓くことが求められるだろう。もちろん、これまでの人類学と未来の宇宙人類学がまったく同じであるわけではない。これまでに検討したように、宇宙に花開く生物＝社会・文化の多様性は、これまでに地球で開花してきた社会・文化の多様性とは比較にならないほど大きなものとなるだろう。そして、そうした生物＝社会・文化の多様性に交通の回路を維持することは、これまでとは比較にならないほど困難な任務になることだろう。しかし、人類が持つ二つの顔、すなわち、多様な環境に局所的に適応してゆくことで生じる多様性という顔とその多様性を超えて交通してゆく顔をいかに維持してゆけばよいのかという問題に取り組まねばならない点で、未来の宇宙人類学はこれまでの人類学と共通の任務を担うのではなかろうか。

それがどのような未来なのか、今はまだわからない。そこに生きる人類の姿は想像することすら難しいほど多様だろう。本書の磯部論文が指摘するように、生物＝社会・文化的に多様に分岐した人類の姿は、私たちの目には同じ人類に映らないほどに奇怪で、その姿に私たちは嫌悪感を抱くかもしれない。しかし、二五万年前に誕生した私たちの祖先が現在の私たちの姿を見れば、同じように感じるのではあるまいか。むしろ、現在の想像力をはるかに超えて、おぞましいまでに変異してゆくことにこそ、人類の可能性があるのだろう。自らの精神を多重かつ自在に拡張する能力を駆使し、多様な環境に局地的に適応する精神の拡張回路を開発することで、驚くほどの多様性を実現してきたからこそ、私たち人類は全地球の多様な環境に拡張することができたのではあるまいか。そして、数々の悲劇を繰り返しながらも、相互に奇怪でおぞましくさえも感じられる多様性を超えて交通する場を築いてきたからこそ、今、私たちは宇宙に向けて精神を拡張することができるようになったのではあるまいか。

それは宇宙でも変わるまい。むしろ、地球とは比べものにならないほど苛酷な宇宙という環境では、その宇宙でさらに大きくなってゆく生物＝社会・文化の多様性は、これまで地球上での人類の生存を助けてくれた以上に、宇宙での人類の生存可能性を増大させてくれるかもしれない。そして、私たちの現在の想像力をはるかに超えるほどの生物＝社会・文化の多様性のなかにあって、その多様性を超えて人類あるいは新人類の交通を確保する道を探ることはどこまで可能なのか。それは私たちが想像するよりもはるかに困難なことであるかもしれない。しかし、そうしたより困難な任務に取り組むことで、人類学は「人類はどこから来て、どのような存在であり、どこに向かうのか」という人類の過去と現在と未来を問う学問として真に成熟してゆくだろう。来たるべき宇宙人類学の任務は、人類の未来の二つの顔の守護者として、未来の人類あるいは新人類に奉仕することにあるのかもしれない。

## 参考文献

大村敬一　二〇〇九「集団のオントロギー――〈分かち合い〉と生業のメカニズム」河合香吏編『集団――人類社会の進化』京都大学学術出版会、一〇一―一二二頁。

大村敬一　二〇一〇「自然＝文化相対主義に向けて――イヌイトの先住民運動からみるグローバリゼーションの未来」『文化人類学』七五（一）：五四―七二頁。

大村敬一　二〇一一a「二重に生きる――カナダ・イヌイト社会の生業と生産の社会的布置」松井健・名和克郎・野林厚志編『グローバリゼーションと〈生きる世界〉――生業からみた人類学的現在』昭和堂、六五―九六頁。

大村敬一　二〇一一b「大地に根ざして宇宙を目指す――イヌイトの先住民運動と『モノの議会』が指し示す未来への希望」『現代思想』三九（一六）：一五三―一六九頁。

大村敬一　二〇一一c「グローバリゼーションの功罪――アイデンティティをめぐる争い」本多俊和・大村敬一編『グローバリゼーションの人類学――争いと和解の諸相』放送大学教育振興会、二一二―二三〇頁。

大村敬一　二〇一二a「未来の二つの顔に――モノの議会とイヌイトの先住民運動にみるグローバル・ネットワークの希望」三尾裕子・床呂郁哉編『グローバリゼーションズ――人類学、歴史学、地域研究の現場から』弘文堂、三一七―三四五頁。

大村敬一　二〇一二b「技術のオントロギー――イヌイトの技術複合システムを通してみる自然＝文化人類学の可能性」『文化人類学』七七（一）：一〇五―一二七頁。

大村敬一　二〇一二c「パッケージ学習進化仮説――文化人類学からみる現生人類とネアンデルターレンシスの交替劇」寺嶋秀明編『狩猟採集民の調査に基づくヒトの学習行動の実証的研究』文部科学省科学研究費補助金（新学術領域研究）交代劇A02班研究報告書二、神戸学院大学人文学部、二三―四〇頁。

大村敬一　二〇一三a『カナダ・イヌイトの民族誌――日常的実践のダイナミクス』大阪大学出版会。

大村敬一　二〇一三b「ムンディ・マキーナとホモ・サピエンス――イヌイトの存在論に寄り添うことで拓かれる人類学の課題」『現代思想』四一（一）：一三四―一四七頁。
大村敬一　二〇一三c「創造性と客体化の能力を育む『からかい』――カナダ・イヌイトの子どもの学習過程にみる身構えの習得」寺嶋秀明編『狩猟採集民の調査に基づくヒトの学習行動の実証的研究』文部科学省科学研究費補助金（新学術領域研究）交代劇A02班研究報告書三、神戸学院大学人文学部、一五―三六頁。
岸上伸啓　一九九六「カナダ極北地域における社会変化の特質について」スチュアート　ヘンリ編『採集狩猟民の現在』言叢社、一三一―五二頁。
木村大治・森田真生・亀井伸孝　二〇一三「数学における身体性」菅原和孝編『身体化の人類学――認知・記憶・言語・他者』世界思想社、四二一―七五頁。
クラーク、A　一九九七『認知の微視的構造――哲学、認知科学、PDPモデル』野家伸也・佐藤英明訳、産業図書。
クラーク、A　二〇一二『現れる存在――脳と身体と世界の再統合』池上高志・森本元太郎監訳、NTT出版。
河野哲也　二〇〇五『環境に拡がる心――生態学的哲学の展望』勁草書房。
湖中真哉　二〇〇六『牧畜二重経済の人類学――ケニア・サンブルの民族誌的研究』世界思想社。
スチュアート　ヘンリ　一九九五「現代のネツリック・イヌイット社会における生業活動」『第九回北方民族文化シンポジウム報告書』北海道立北方民族博物館、三七―六七頁。
立花隆　一九八五『宇宙からの帰還』中央公論新社。
トマセロ、M　二〇〇六『心とことばの起源を探る――文化と認知』大堀壽夫・中澤恒子・西村義樹・本多啓訳、勁草書房。
ベイトソン、G　二〇〇〇『精神の生態学』佐藤良明訳、新思索社。
マトゥラーナ、H・R／F・J・ヴァレラ　一九九一『オートポイエーシス』河本英夫訳、国文社。

マトゥラーナ、H・R／F・J・バレーラ　一九九七『知恵の樹』管啓次郎訳、ちくま学芸文庫。

三尾裕子・床呂郁哉編　二〇一二『グローバリゼーションズ――人類学、歴史学、地域研究の現場から』弘文堂。

ラトゥール、B　一九九九『科学がつくられるとき――人類学的考察』川崎勝・高田紀代志訳、産業図書。

ラトゥール、B　二〇〇八『虚構の「近代」――科学人類学は警告する』川村久美子訳、新評論。

レイヴ、J　一九九五『日常生活の認知行動』無藤隆・山下清美・中野茂・中村美代子訳、新曜社。

Bateson, G. 1972 *Steps to an Ecology of Mind*. The University of Chicago Press.

Battaglia, B. 2005 Insiders' Voices in Outerspaces. In B. Battaglia ed., *E. T. Culture: Anthropology in Outerspaces*. Duke University Press, pp.1–37.

Battaglia, B. 2010 ET Culture. In L. Codignola & K.-U. Schrogl eds., *Humans in Outer Space: Interdisciplinary Odysseys*. Springer, pp.220–226.

Battaglia, B. 2012 Coming in at an Unusual Angle: Exo-Surprise and the Fieldworking Cosmonaut. *Anthropological Quarterly* 85（4）: 1089–1106.

Codignola, L. & K.-U. Schrogl eds. 2010 *Humans in Outer Space: Interdisciplinary Odysseys*. Springer.

ESF（European Science Foundation）2010 The Vienna Vision on Humans in Outer Space. In L. Codignola & K.-U. Schrogl eds., *Humans in Outer Space: Interdisciplinary Odysseys*. Springer, pp.227–232.

GN（Government of Nunavut）1999 *Report from the September Inuit Qaujimajatuqangit Workshop*. Iqaluit: CLEY（Department of Culture, Language, Elders & Youth）.

Hutchins, E. 1996 *Cognition in the Wild*. Bradford Books.

Hutchins, E. & T. Klausen 1995 Distributed Cognition in an Airline Cockpit. In Y. Engestrom & D. Middleton eds., *Cognition and Communication at Work*. Cambridge University Press, pp.15–34.

Hutchins, E., B. Holder & R. Pérez 2002 *Culture and Flight Deck Operations*. Prepared for the Boeing Company. University of California San Diego.

Ingold, T. 2000 *The Perception of the Environment*. Routledge.

Landfester, U., N.-L. Remuss, K.-U. Schrogl & J.-C. Worms eds. 2011 *Humans in Outer Space: Interdisciplinary Perspective*. Springer.

Lave, J. 2011 *Apprenticeship in Critical Ethnographic Practice*. University of Chicago Press.

Masali, M., M. Ferrino, M. Argenta & M. Cremasco 2010 Anthropology: Physical and Cultural Adaptation in Outer Space. In H. Benaroya ed., *Lunar Settlements*. CRC Press, pp.165–174.

Merleau-Ponty, M. 1995 *La Nature: Notes cours du la causalite*. Publication Univ. de Louvain.

Pálsson, G. 2010 Celestial Bodies: Lucy in the Sky. In L. Codignola & K.-U. Schrogl eds., *Humans in Outer Space: Interdisciplinary Odysseys*. Springer, pp.69–81.

Valentine, D., V. Olson & D. Battaglia eds. 2012 Extreme: Humans at Home in the Cosmos.（Special Collection）*Anthropological Quarterly* 85（4）: 1007–1160.

Wenzel, G. 1991 *Animal Rights, Human Rights*. University of Toronto Press.

# 終章　果てしなき果てをめざして

内堀基光

人類であれ何であれひとつの生物種が、たとえ二百万年ないし三百万年のあいだこの地上に生きることができたからといって、結局は死滅する時をいつかは迎えるのであってみれば、この地上をひとつの物体のように恣いままにし、恥も慎みもなく振る舞うことが許される口実とはならない。

（レヴィ＝ストロース『食卓作法の起源』五八八頁）

## 1　果てと極限

あまりにも平凡な発想で、この本の論文執筆者のみなさんには怒られてしまいそうだが、人類学の全体をフィクションの領域だと考えてみよう。すると宇宙人類学というものがそのなかで占める位置は、どうしてもSF以外にはないということになる（ここで私が語るまでもなく、本書では木村論文がこれについても練り上げた議論を展開しているが）。そこで、宇宙人類学がいかなるものでありうるかという問いかけに、昔読んだ小松左京の小説の題を借りることにし、終章の題に「果てしなき果て」というフレーズを使うことにした。「果てしなき果てを超えて」としようかとも思ったが、もうすこし手前のところでとどまる。「超える」ところまでは行かず、あくまでも「めざす」動きのなかに、人類学の現実性をすこしだけでも担保しておこうかということである。

宇宙という単語を使って語るとなると、どうしても五〇年近く昔（正確には一九六七年夏）の思い出話から始めたくなってしまう。終章エッセイにはふさわしからぬ俗っぽい話なので恐縮だが、おゆるしのほどを。

今はどうなっているのか知らないが、当時私の在籍していた大学では、教養課程から専門課程に進学するにあたって、「進学振り分け」なるものが行われていた。進学希望者は第三志望まで専門課程の学科を指定することができ、教養課程での成績によって、第一志望の学科に入れたり、第二あるいは第三の志望先に回されたりするのだが、これは志望先にどの程度の成績の学生が集中するか（あるいはしないのか）によって決まるので、けっこう賭のようなところがあった。自分の成績に自信がない場合、難度の低いところを志願する学生もいたりするから、結果として、成績がその学生より低いものが難関とされていた当該の学科に通るといったことも、しばしば起きていたと思う。理数系の課程所属の学生として、私の周りには工学部の諸学科、あるいは理学部なら物理か数学系の学科を志望するのが大多数だったわけで、文化人類学を専門コースとして含む教養学科というところの受け入れ可能割り当て数は千人の学生数に対して一〇人分もあっただろうか。ともあれ、あまり成績の良くなかった私にはやや不安の残る志望先であり、当然第二志望も記入したのだが、これが当時の呼び方では「理学部天文学科」であった。この学科には私の成績でも確実に入れたはずで、もし第一志望がだめで文化人類学を専攻することができないときには、本気で天文学をする気でいたのだった。今から思えばおかしなことだが、理学部にあった「人類学科」――無知なことに人体形質の研究をするだけのところだと思っていた――を第二志望にはしなかった。ちなみに、第三志望としては当時文系としては最難関で、通るはずもない国際関係論コースというところを書いておいた。これはもちろんジョークのつもりだったが。

今でも、あのとき天文学に進んでいたら、と思うことがある。普段は我が身一身について思っているだけなのだが、そうした思いが起きるのは、種としての人類についての研究というよりも、今の文化、今の社会の動向についての研究といったほうがふさわしい現在の文化人類学のありように、私の内部で自家撞着を起こしているような違和感をもったときである。それは、対象が世界の周辺でのことであっても中心に関わるものであっても、同じことである。すべては趣味の問題、学問的好みの問題といってしまえばそれまでだが、ほんらい何でもありを特徴であり強みとしてきた学問としての人類学ではあるが、今現在の動向への距離のとり方が通常の社会科学のそれとさして変わらないならば、何でもありの強みは容易に幾多の隣接分野のマイナーな縁辺部の寄せ集めに変じてしまうとしか思えないのだ。ならば文化「人類学」などという大仰な名前を名乗る必要はない。

世界の涯（＝果て）のような地政学的辺境での生を見つめることが人類の全体を考えることに決定的な意味を持つといった、かつての社会文化人類学が追い求めていた夢からは、今やほとんどの研究者がそれぞれの主題に関して醒めた気になっている。それはそれで正しい。いかなる事柄を話題にするにしても、その現状をグローバルと規定することは、人間たちの生きる場が単に全世界的なのではなく全球的であり、その平面上のどこにも二次元的な涯といえるところがないことを意識化することであるはずだからである。その意味で、涯とされたものの特権性はすでにながく無効となっている。だが、と思う。実在の涯ではなくて、人間存在のあり方の果て、生存の極限を射程に収めようとするところに、人類学の最も人類学的な志があったのではなかったか（これについては本書磯部論文がレヴィ＝ストロースを引いて的確に指摘しているが）。涯の非在のせいで、この極限としての果てを見ようとする気持ちをなくしてしまうのは、やはり惜しいのだ。いちど夢に見たからには、醒めたあとでもそれは、見果てぬものとしていつまでも思念のなかに残るのである。

宇宙人類学と銘打つからには、果てと極限に関わる夢の続きを見せてほしい。あるいはひとにそれを乞うたりするのではなく、自分でその可能性がどれほどあるのかを考えてみたい。本書のもととなった文化人類学会分科会シンポジウムにコメンテータとして臨んだのは、そんな思いからであった。

## 2　期待

地球という生存空間から離れたという意味での宇宙を舞台として、人類学が具体的な内実をもって呈示できるトピックを考えてみる。本書の各章でも取り上げられているように、人類の認知過程の限度、人類の生の空間の拡張の限界、人類の知的営為としての宇宙科学の位置づけ、人類以外の知性との相互了解可能性といったところが、ざっとあげられるトピックとなることはまちがいない。だが問題は、こうしたもののうちどれだけが人間存在の極限という主題に明瞭なかたちで関わるものとなりうるかということである。どのようなトピックが、果てを問うことによって、今われわれが生きている生のあり方の制限範囲を指し示す鏡の役割を果たしうるのか。あるいはトピックそのものというよりも、接近法といったほうが良いのかもしれない。これらのトピックに対してどのような方向から接近すれば、われわれの目から一度は消えてしまった世界の涯を、ふたたび——おそらくは以前の世界とは異なる世界の位相のもとに——存在と意識の地平によみがえらせることができるのか。

地球圏外と地球圏内（地球上）をとりあえず分けた上で、外に関わる要素を内側の世界に引き込むことにする。要素には実在するものだけでなく、それらを見る目と扱う手法も含むものとしよう。内側の世界も実在物だけでなく、それに関わる思いと語りとを含んだ世界と考える。そうすると、けっきょくは知的存在者としての（今のところは）人間が分けられた二つの領域を仲介することになるのだが、その仲介がどのような仕方でなされる仲介であるかを探ることが、宇宙人類学の形式的な領域を画定することになるはずである。この形式は文化人類学（民族学）の初期に区分けされた未開と文明、非西洋と西洋と相同の形式と同型である。かつてこの区分の両側を仲介する人間である学者・研究者は「安楽椅子に座る人類学者」として言説のみで仲介の役割を果たした。彼らにとってみずから未開の非西洋世界に赴くようなことは思いもよらぬことであった。それでは、生まれたばかりの宇宙人類学に関わる研究者の位置取りも同じであろうか。一見するかぎり、その答えはイエスなのだが、ここでこの「然り」の声を未来にまで投影し、宇宙人類学の行く末を二〇世紀初頭以降に文化人類学が歩んだ道に重ね合わせる気があるかどうかで、ネーミングのなかの宇宙の（大げさにいうことになるが）存在論的な地位が決まることになる。おそらくこれから数十年のうちには——あるいはもっと近い将来にかもしれないが——宇宙に出て行く人類学者も現れるだろうが、彼（女）が地球圏外で何を見聞きするにしても、その対象が地球にとどまる人類とどこかで大きく違わないかぎり、宇宙は意味ある外部にはなりようがない。悲観的な言い方をすることになるが、そのかぎりでは宇宙人類学の近未来の地歩はかなり弱いといわざるをえない。

たとえば自国人の観光客を調査の対象とする観光人類学があるように、宇宙に出かける地球人の研究はあってもよい。これを組み合わせて宇宙観光人類学といった研究分野ができたとしても、とくにおかしくない時代がやがて来るであろう。だが、それを面白いと思うかどうかは別である。宇宙に出かけた観光客がみずからの世界認識を根底的に変えてしまうとか、観光客同士の関係が地球上における閉鎖小集団内部の人間関係とは決定的に異なるものになるなどということがあれば、それはそれなりの面白みはあるだろうが、はたしてそのような期待をもってもよいものか。現在の宇宙ステーションで働く宇宙飛行士、あるいは科学者の民族誌（本書佐藤論文参照）が示すような極限的生活のインパクトは、宇宙観光の時代には消え失せていると考えたほうがよさそうである。

せんじつめて言ってしまえば、宇宙人類学の直接の実在的な研究対象を今の人間におくかぎり、宇宙はさほど特権的な場とはならない気がするということなのだ。思えば宇宙という言葉が長らく私たちに訴えかけてきた力は、人間を超えた何ものかがそこにあるという私たちの心のなかに消えがたく潜む不可思議の感覚、あるいは畏怖・畏敬の念とさえいってよいものにあったのではないか。そこに人類を入れて、なおかつこれまでと同じ、あるいはそれ以上の訴求力をもたせることができるとすれば、それは主体者あるいは客体者として通常の実在的人間では、なかなかに務まるところではない。今のわれわれとはどこか違う別の人類、あるいはさらに離れて別の知的存在者でなくてはならないのではなかろうか。木村論文ならずとも、やはり宇宙人類学はSF的な語り口を要することになりそうだ。

文化人類学というよりも「エスノグラフィー（民族誌）」の分野でというべきだろうが、フィクティヴな語りは読み手の社会に対してなされる、基本的に風刺の色合いを強く帯びた批判的なアレゴリー（寓話・寓意）である。そこで描かれるものは、架空の存在であれ実在であれともかく虚構の内容で満たされた、読み手にとっては外側の世界に属する土地であるか（『ガリヴァー旅行記』）、あるいは逆に、外の土地からの来訪者による読み手の社会の印象なり分析である（『ペルシア人の手紙』や『パパラギ』）。単純な図式化で申し訳ないが、外の人間がみずからの所属する外について語る形式は、独立で語られるというよりも後者のうちに含まれていることが多いだろうし、また読者の側の世界にいる主人公がその世界について風刺的に語るもの（『気違い部落周遊紀行』）は、どうしても虚構性を減じてしまうような気がする。こうしたものとの比較で見ると、SFの場合に考えやすいのは「ガリヴァー旅行記」型のものであろう。もっともその場合でも、読み手の社会を風刺するといった方向に向かうというよりも、了解不能性を軸にとって、さらに根源的なかたちで人類の知能・知性のあり方、行動の本性などへの反定立がテーマになるのは本書木村論文が紹介するとおりである。

了解不能を大きな前提にとってしまうと、ストーリー性のある語りとしての『ペルシア人の手紙』型のSFは成り立ちにくい。死んだ生物体について火星人に説明する方法について考えさせるG・ベイトソンの講義（木村論文）にしても、人類が死に絶えた地球にやってきた異星人が二〇世紀から遺された人類の文書を解読しようとすると、そこに頻出するネーション（民族・国（民））という語の意味をつかむのに苦労するだろうといったE・ホブズボウムの予言のかたちをとった指摘（原題では「ネーションとナショナリズム」）にしても、ストーリーとして展開してもさほど面白いものにはなりにくいのではないだろうか。

ともあれ、どのような風刺、寓話、批判のかたちであれ、宇宙人類学に対しては、人類を見る眼をあたうるかぎり遠くの外部に仮託し、その認識の距離をこれまでは考えられなかったほど長く延長することを期待したいところなのだが、さてその可能な極限はどのような方向に求められるのか。

## 3　進化における三つの契機

惑星学者の松井孝典は『宇宙人としての生き方』のなかで、地球に生まれ地球上で進化してきた人類の位置づけを宇宙における一つの生命体として見るという見方を提唱している。宇宙の発生からの時間一三八億年を経てきた現在と、未来の可能な時間のなかで、銀河系、太陽系、地球を見てゆく。われわれにとって意味のある人類の存在はその時空間のなかでは微小ではあるが、そうした宇宙を考えることのできる知能をもった生命体として「宇宙人」という名に値する存在だということなのだろう。もちろんこの宇宙における唯一の宇宙人というわけではないのだが。

この意味での宇宙人の進化を考えてみる。人類＝地球人について語られる進化の時間とは射程がまったく異なる進化である。四六億年の地球上の生命進化ではなく、宇宙の初発（ビッグバン？）から話を始めるというのは、極マクロ的だという点で、宇宙人類学の場にふさわしい。通常「大進化」として語られる種の分岐、新種の形成などと比べても、その上に「超」がいくつ冠としてつくか分からないほどの「超大進化」ということになろうが、これからの宇宙人の超大進化の可能性をこれまでの超大進化の延長として考えることは、小も大も含めて過去の進化を再考する機会として役に立つかもしれない。

こうした大きな枠で人類の進化を語るとき、三つの契機が考察にとって主軸となる。個々の契機について具体的に論じる準備はできていないが、大まかな予行演習として論じることを許していただきたい。第一の契機は種の形成、第二は進化の身体外的な延長、そして第三に取り上げるのは絶滅である。

## 種の形成

生物種の形成に関しては、形態と行動からなる身体的な表現型とその遺伝（子）的な基礎という、もっぱら身体的な側面だけから決定される事柄なので、議論は比較的直線的なものであろう。種形成はいいかえれば種分化のことであるが、現在およびその延長としての地球上では人類の種分化はこれ以上起きそうにない。もちろん人類全体としての漸進的な進化、つまりいくつかの変化の固定化は大いにありうるとしても、それをもって新たな別の人類種が生まれたというわけにはいかない。一知半解の知識を振りかざすことになるが、種分化は基本的には時間的に十分な空間的＝地理的な隔離、よりまれには何らかの行動的＝社会的な隔絶を必要条件とするものだからである。あえて近年の急速なグローバル化や緩やかな社会的平準化の進展を持ち出すまでもなく、すくなくともホモ・サピエンスの二十数万年前のアフリカにおける形成以降は、人類は、種分化が端緒的にでも可能になるような隔離隔絶は経験してこなかったし、そうした時間的空間的な狭隘・近接という事実関係の結果として、現在見られる地球上の人類の遺伝的多様性はきわめて小さいといわれている。人類のより長い進化過程では、このような遺伝的多様性のボトルネックは二〇〇万年ほど前のホモ属の形成期にも認められるという主張がなされている。人類に関わる生物学的分類はややもすると相違を格上げされる傾向にあるから、ここでホモ属という用語を使ってはいるが、これを他の生物における種形成にあたるものと考えてもおかしくはないだろう。そうした見方からすれば、現生人類は生物学的な種としてよりも、亜種としてきわめて均一的な存在であり、この均一性は時間とともに減じるようなことはないと考えたほうがよいと思う。

　現生人類のこうした（後世から回顧的に見られうるものとしての）遺伝的ボトルネックが打ち破られ、種分化、あるいは亜種分化が起こりうる唯一の可能性は、地球外空間への植民とそれに続く隔離という事態を措いてほかにない。もちろんそれは、一定数以上の生殖可能な男女を含む植民者共同体の成立と、その後の外部との遺伝的交配を妨げる諸条件が揃っての話である。前者はともかく、後者の条件は社会的あるいは技術的な条件としてかなり想定しにくい条件のように思われるのだが、どうだろうか。

## 身体外的な延長

　見えるものも見えないものも含めて、生物種がつくりだす身体外の生成物あるいは生物体が選択する行動の環境は、R・ドーキンスの言葉を使えば「延長された表現型」の一部をなす。蛾の擬態が成功するためには蛾の外観を周囲に紛らわす環境が選ばれなければならないし、鳥類や哺乳類は場合によってはかなり手の込んだ巣をつくる。こうした環境の選択行動や営巣行動は遺伝的にプログラムされたものであるが、その行動の具体的現れには外部環境との相互作用によりある程度の変異幅があり、しばしばそうした変異は個体的な、あるいは間個体的な学習の結果である。人類においては、世代間の学習つまり伝承によって基礎づけられた行動の方法を含む広い意味での知識の総体が集合的に共有されていて、これを文化と呼ぶようになっているが、これはまさしく「延長された表現型」の極限的に延長されたかたちにほかならない。

文化のありようは人類の身体的な進化と相携えるようにして変わってきたと考えられる。身体的なものと身体外的なものとの「共進化」といえるような相互作用がそこには認められもするわけだが、そのうち最も典型的だといえるのは火の使用の発明が身体進化の方向性を決定づけたことではなかったろうか。それは右に言及したホモ属形成より後の進化に関わることであった。アウストラロピテクス属の段階あるいはそれ以前の初期人類に、厳密な意味での共進化の一方の軸となる身体外の学習・伝承による文化といえるようなものがあったかどうかは分からない。逆に、現生人類であるホモ・サピエンスについては、共進化をはるかに超えて文化そのものを主とする進化、すなわち身体から離れた自律的な文化の進化が語られるようになってきている（本書大村論文に詳論されているように）。自然環境に関する知識の深化と集積、社会性つまり自分と同様の存在としての仲間との共存・協働関係の推進が、初期の文化進化の中核領域であり、これらの中核領域との短い射程距離での共進化、つまり文化領域内での共進化として、しばしば芸術や身体装飾の発生などとの関連で語られる「象徴能力」領域の増大を考えることができる。これによって現生人類の「歴史的時間」となる基礎が用意されたといえるのではないか。農耕・牧畜の開始、および――その結果としての、あるいはその前提としての――人口の集中がそれを画期することになる。

現生人類の初期に始まり歴史的時間における現在までの指数関数的な文化進化について、これ以上語る必要はない。宇宙人類学の議論にとって大事なのは、むしろそれを一部として含む人類総体の「進化的時間」を未来へと投影することであろう。そこではふたたび「適応」という身体に関わる進化の基本問題に目を向ける必要があるからである。

第二の地球といったものを想定しないかぎり、地球外の物理環境は決定的に地球表面上と異なり、身体的「適応」の可能性を絶対的に超えたものであることが、とりあえずはすべての前提である。現在実現している空間としての宇宙ステーションを考えてみても、酸素と食糧を人為的に供給した上で、無重力状態に置かれたままで人間がその身体動作、身体感覚をどの程度維持できるのかが、適応あるいは順応の問題になるほどである。未来における適応の問題は文字どおり想像を絶するものとなるはずである。これをいいかえれば、これまでの地球上での文化進化は、身体の適応（順応）の射程範囲内に十分に収まっていたということになろう。新たに発明された自動車の運転、あるいは飛行機の操縦をするのに、新たな身体特性あるいは能力を獲得する必要はなかったという事実は、身体の側面から見れば予め準備的に適応していた――前段階適応（pre-adaptation）――ということもできるし、文化の側面から見れば、すでにそこにある身体能力を新たな技術発明品の考案に利用したのだということもできる。

あるいは、自動車や飛行機といった道具は、既存の身体とその統御能力の延長として想定可能な発明品であり、その意味では、新たな発明品ではなかったともいえる。地球外に出てゆく、あるいはそこに居住することを可能にするという意味での宇宙技術がそうした範囲での道具の集積にとどまるとは思われない以上、人類がそれに適応するためには新たな身体の全体――認知や感情などのいわゆる心的機能をも含めて――を獲得することが必要である。遺伝的にこれがなされる可能性はないのだから、唯一の可能性は人工的につくられる新たな身体を持つものとしての人類である。極限的な地平、いわば果ての一歩手前においては、その身体能力の全体のなかに再生産＝生殖の遂行能力も含まれなければならない。

## 絶滅

先にあげた『宇宙人としての生き方』のなかで、著者は「絶滅」研究の重要性を指摘している。また絶滅に関する総合的な研究がないことを嘆いてもいる。人類学者として、そういわれてしまうのはやはり見込みが甘かった、努力が足りなかったと反省せざるをえないところがある。というのも人類学者はこれまで多くの場面でさまざまなかたちの絶滅を見聞きしてきたはずだからであり、また個別の場面だけではなく、民族生成（エスノジェネシス）の全過程の理論や文明生成の研究などで、消滅や絶滅、あるいは崩壊を描いてきたからである。私自身は「なくなること」のさまざまなレベルでの現象を統合的に見ることをずいぶん昔に志したものの、これまでまともに着手することを怠ってきた。宇宙人類学が人間存在の極限を目指そうとするならば、当然「果て＝終わり」（エスカトス）の問題を正面から扱う必要がある。

現在の宇宙論（コスモロジー）では、いつかはわれわれの宇宙そのものが消滅することになっているという。宇宙のエスカトロジー（「終末論」）の語るところ、その先にはなにもない——というよりも、先ということ自体がない。この宇宙から別の宇宙へのワープの可能性が理論的には可能であるとしても、それは未来の人類の関わることとして残されているわけでは、おそらくない。ワープに未来のノアの箱舟の行く末を託すよりも、人類としてはそのはるかに手前において、みずからの関わる果てを想像するほかはない。しかもある程度現実に引き寄せていえば、それが太陽系の終末か、天の川銀河系の終末か、あるいはずっと手前で隕石の衝突かなどということすら、過大な、さらには傲慢なSF的想像であって、蓋然性としては普通の生物種の持続時間程度が時間尺度として採用するのに穏当なところであろう。冒頭に引用したレヴィ＝ストロースの言及する時間尺度である。

そうした時間尺度においてすら、さまざまな終末の絵は描きうるのである。実証性のくびきに眼をつぶって夢を見るとしても、そこに数多くの悪夢——と、ことによるといくつかの幸せといえる夢もか——のストーリーを語る図絵がある。現生人類の想像力は、世界のなかにいることに関わるこれらの終末論をみずからの生存の動力源の一つとしてきたとすらいえるかもしれない。人類は存在のさまざまなレベルでの「終わり」を語ることによって、終わりの不安を中和したのだともいえるし、また終わりを今ここにあることのなかに取り入れることによって、生存の時間を保証したのだともいえる。

個体の終末である死というものは、他者の死を経験することによってみずからの死に予備的に転化しうる経験であり、おそらく人間がもった初めの終末論はその経験を語ろうとする個体の終末論であった。いっぽう、なんらかの人間共同体の終末から人類そのものの終末、つまりは世界の終末にいたるまで、個体を超えた存在者の終わりについての語りは、個体の終わりへの想像力とは異なる類の関心に根ざしているが、その効果にはあまり変わるところがあるようには思えない。後者は歴史的時間の比較的初期において、人類共同体の共同性のありようが変化したこと、とりわけ個体に差異の属性が負わされたことに起因するのであろう。ここでこそ、全体の終末を想うことによって、またそれのみによって過去にはあったはずの個体間の均一性、平準性を取り戻すことができるような思考が生まれるのである。

ひるがえって多少とも実証性・現実性を伴いうる絶滅研究の範囲内で、宇宙人類学における進化という主題にふさわしいのは、生物種として人類がいっさいの遺伝的後継者を残す可能性をなくし、最後の唯一の個体、あるいは同じ性のみからなる複数の個体がそこに存在するような事態に立ちいたる筋道の研究である。この研究に最も近似的なモデルを提供するのは、ネアンデルタール人の絶滅という題目のもとに語られている人類の進化的時間における事態であろう（本書大村論文参照）。もっともネアンデルタール人の場合には、みずからにかなり近い形態を持つ現生人類に置き換わったということなのだから、絶滅とはいってもごく近い種（ないし亜種か）は生き残っており、人類全体の絶滅とはだいぶ意味合いを異にする。さらには彼らの遺伝子が部分的に現生人類に残っているという解析結果も出つつあるので、厳密にいえば、この事態は一定の形態（および行動もか）特性をもった人類集団の絶滅ということになろう。同じ類いのより小さな尺度での絶滅は、ホモ・サピエンスの進化的時間と歴史的時間においても、おそらく数限りなく起きてきたことである。

ネアンデルタール人の絶滅のような事態、すなわち現生人類が別の人類（亜）種によって置き換わるということが起きるとすれば、それは地球外空間のどこかに隔離されて進化した（亜）種によることになるが、先にいったように、後者はなんらかのかたちで自己再生産能力を獲得した人工的に改造された身体を持つサイボーグ的な存在でしかありえない。かりにそれがサイボーグではなく完全な人工身体つまりロボットのようなものならば、彼らと現生人類との関係は遺伝子上の関係ではなく、物質化しようとする知性とその結果としての知性化しようとする物質――有機体であれ無機体であれ、機械のようなもの――といった関係になる。模倣・学習によって拡散する文化的・身体外的な複製子、つまりドーキンスがミームと名づけたものが物質化して、物質的に自己再生産（複製生産）をすることになれば、それはすでにミームではなくなるが、こうしたいわば捻れたかたちの現生人類派生体による人類の置き換え、人類の絶滅は、一九二〇年に書かれたK・チャペックの『R・U・R』以来、通俗的なSF風味の映画でも漫画でもほぼ定番的な筋書きである。定番的になるほど人間の想像力のなかで現実的であるといってもよいだろう。もっともこの筋書きには宇宙（地球外）はかならずしも必要ではないことに留意しておかなければならないが。

存在するものが絶滅することは必然だが、現代の宇宙論が宇宙そのものにまでこのことを拡張した意味は大きい。通常の思考は絶滅（消滅）の不可避性を個別の存在者に限定してきた。「なくなりうるもの」に対して「永遠なもの」をどのようにかして対置してきたわけだが、時間も空間も、ということは存在するということそれ自体がいつかはなくなることを認識した上で、個別存在の生成と消滅を考えてゆくことが宇宙人類学の極限的な課題となるのかもしれない。

## 4　無重力状態の思考へ

「宇宙人類学」の終章としては、場違いに素人的ではずかしい考えを述べてきた。そうしたことをあえてさせてくれるだけのものが、この新しく切り拓かれる領域にはある。と、たしかにそう言いたい気になってくるのだが、そのことをいくぶん突きはなしていえば、宇宙人類学という発想は面白いけれども、いつまでも「可能性」にとどめおく性質といったものがそこにあるということにもなろう。あるいはまた、そうした性質こそが宇宙人類学の特権なのかもしれないとも思う。永遠に可能性であることが不動の現実であるような領域というものがあり、宇宙人類学はまさしくその典型ではないのか。可能性はいくら広げても可能性にとどまるが、うまくすれば逆に、無限に拡張可能なものとしての意義をになうことができる。そうなるかどうかは、思念のプラクシスによってのみ実証しうることである。そのとき判断の基準となるのは、現実からの反照の光が思考のどのレベルまで届きうるかということである。

可能性と現実性のはざまで思考の無重力状態を試すのがよい。

地球上における生命というものがはじめは地球外からもたらされたという将来的に検証対象になりうる仮説もあり、宇宙（地球外）生物学は現実に向かいつつある。ここから地球外知性を現実の対象として含む宇宙人類学になるには遠い道のりが必要だが、そのあいだが無重力状態だといえるだろう。思考の無重力状態は比喩と類比、そして寓意に満たされる空間でもある。たとえばJ・ダイアモンドが『文明崩壊』のなかで、周囲の島々からみずからを隔離して自己崩壊にいたったイースター島を孤立した地球の比喩として用いたように、文化人類学は地球上の数多くの人間集団あるいは地域社会のたどった現実の生成過程（消滅局面を含む）を、寓意というほのかな灯明として利用することにより、宇宙という枠組みにおける人類の存在について語ることができるであろう。より最近のテーマでいえば、「異種間関係」や「自然の権利」といった議論は、比較的容易に宇宙人類学の思考空間に延長できる。というよりも、これらの議論は宇宙（地球外）を探索の領分に入れてはじめて、それらが目指した「人類中心主義」を乗り越えることができるのではないか。あくまでも無重力状態の思考であることを前提としてであるが。

## 参考文献

赤沢威　二〇〇五『ネアンデルタール人の正体――彼らの「悩み」に迫る』朝日新聞社。
内堀基光　一九九四「民族の消滅について――サラワク・ブキタンの状況をめぐって」黒田悦子編『民族の出会うかたち』朝日新聞社、一三三―一五二頁。
内堀基光　二〇〇五「なくなることについて――人類学のあちら側」東京外国語大学アジア・アフリカ言語文化研究所コーパス・ユニット報告（二〇〇五年六月二二日）。
きだみのる　一九八一『気違い部落周遊紀行』冨山房。
颯田葉子　二〇〇八「霊長類の種分岐と祖先集団の遺伝的多様性の推定」日本人類学会進化人類学分科会報告（二〇〇八年一〇月三一日、於愛知学院大学）。
佐藤勝彦　二〇〇八『宇宙論入門――誕生から未来へ』岩波書店。
ダイアモンド、J　二〇一二『文明崩壊』上・下、楡井浩一訳、草思社。
チャペック、K　二〇〇三『ロボット』（原著名『R・U・R』）、千野栄一訳、岩波書店。
ツイアビ　一九八二『パパラギ――はじめて文明を見た南海の酋長ツイアビの演説集』岡崎照男訳、立風書房。
ドーキンス、R　一九八七『延長された表現型――自然淘汰の単位としての遺伝子』日高敏隆他訳、紀伊國屋書店。
ドーキンス、R　二〇〇六『利己的な遺伝子』増補新装版、日高敏隆他訳、紀伊國屋書店。
ホブズボウム、E　二〇〇一『ナショナリズムの歴史と現在』浜林正夫他訳、大月書店。
松井孝典　二〇〇三『宇宙人としての生き方』岩波書店。
モンテスキュー、Ch. de　一九九七『ペルシア人の手紙』上・下、大岩誠訳、岩波書店。
レヴィ＝ストロース、C　二〇〇七『食卓作法の起源（神話論理Ⅲ）』渡辺公三他訳、みすず書房。

# あとがき

その朝が来るのか、来ないのか。そして、その朝がもし来るのなら、その朝を越えた先で、私たち人類に何が待ち受けているのだろうか。

人類が宇宙に羽ばたく朝を予感し、その予感に期待と不安を感じつつも、その未来に正面から向き合った執筆者たちの論考に辛抱強く耳を傾けていただいたことに、まずは感謝を申し上げたい。その上で、あらためて、序章で私たち執筆者たちが提起した問い、あの二つの地球の写真が私たちに問いかける問いに向き合うことをお願いしたい。

本書はあくまでも問いかけの書である。その問いかけが読者に届き、どのようなかたちであっても、新たな議論を喚起することを私たちは望んでいる。たとえ穀潰しの役立たずと誹られようと、夢想家の戯言と笑われようが、本書が宇宙における人類の未来という問いを通して、新たな人類の可能性に向けた議論の出発点となれば、本書の執筆者たちにとって、これほどの悦びはない。学問の任務は、何かを解決することではなく、新たな問いをたて、その問いを掘り下げることで、新たな可能性の地平を拓くことだからである。

こうした本書の問いかけの旅は、二〇〇八年に京都大学に宇宙総合学研究ユニットが設立され、人文社会科学を含めた宇宙の総合的な研究という方針が示されたことに始まる。この宇宙総合学研究ユニットの方針に加え、本書の序章で触れられているような欧州の宇宙開発の動向に促され、二〇一〇年一〇月、JAXAが人文社会科学研究者との連携のために人文社会科学コーディネーターを設置することになった。宇宙開発に人文社会科学の視点からの考察を積極的に導入しようとする内外の動向に刺激を受けて、これまで理学や工学など、いわゆる理系の学術分野を主軸に展開されてきた日本の宇宙開発に人文社会科学の視点を導入し、単なる技術開発を超えて、人類にとっての宇宙という視点から長期的に宇宙開発を考える必要性が痛感されたのである。

そうした流れのなかで、京都大学の宇宙総合学研究ユニットの磯部（本書第一章の執筆者）がさまざまな可能性を模索するなか、数々の運命の悪戯の果てに二〇〇九年に出会ったのが、本書の主編者である岡田である。この磯部と岡田の出会いが宇宙人類学の発足を決定づけた。本書の「まえがき」にも触れられているような人類学の閉塞状況を憂いていた岡田は、その突破口として宇宙人類学を構想し、二〇一〇年一月の宇宙総合学研究ユニットのシンポジウム『人類はなぜ宇宙へいくのか』で「日本人が宇宙へ移住する時」と題する発表を行うと同時に、本書の執筆者を含め、彼と同じ想いを共有していた人類学者に声をかけることになった。そして、二〇一一年六月、日本文化人類学会において「宇宙人類学」懇談会が設立され、二〇一三年四月には日本学術振興会から科学研究費助成金（挑戦的萌芽研究「宇宙開発に関する文化人類学的アプローチの検討」研究課題番号二五五八〇一八二）を取得、同年六月九日、日本文化人類学会第四七回研究大会において、本書のもとになった分科会「宇宙人類学の挑戦」が開かれ、日本における宇宙人類学の幕が開けられたのである。

このあいだ、周囲からの無理解、揶揄、嘲笑にも負けず、粘り強くも寛容な態度で宇宙人類学を率いてきた岡田と磯部の苦労はなみなみならぬものであった。そして、ＪＡＸＡ大学・研究機関連携室の方々（とくに本書巻末の「有人宇宙活動の歴史年表」にお骨折りいただいた計画マネージャ大関恭彦さん）、京都大学宇宙総合学研究ユニット、神戸大学国際文化学研究科異文化研究交流センターの関係者の方々をはじめ、さまざまな苦難を乗り越えてゆく過程で出会った数多くの人々の暖かい援助の手。短い時間でありながらも、数奇な道筋を辿って本書が出版にたどり着くことができたのは、そうした人々のおかげである。とくに、本書の企画を快く引き受けるのみならず、無謀ともいえそうなスケジュールのなか、ときに心優しく、ときに厳しく、ときに辛抱強く私たちに寄り添ってくださった昭和堂の松井久見子さんには感謝のことばもない。

こうした出会いの数々は、偶然だったのだろうか、それとも運命だったのだろうか。それは、今はまだわからない。それは、本書で提起された問いに人類が解を与えたときに、はじめて明らかになるだろう。あるいは、いつの日か、人類が宇宙に羽ばたく鳥になる朝、変わることの痛みを越える決意をしたとき、こうした宇宙人類学発足の経緯について物語が紡がれることになるかもしれない。それを決めるのは、あなたたち、そして私たち、つまり、人類である。

二〇一四年四月四日

トロントのカフェにて

大村敬一

＊「宇宙人類学研究会」は、日本文化人類学会の課題研究懇談会であり、学会より研究助成・支援を受けています。

# 有人宇宙活動の歴史年表

## 昨日の夢は、今日の現実──宇宙開発の黎明期

一八六五年　初めての本格的SF（空想科学小説）「地球から月へ」をフランスのジュール・ベルヌが発表。以降一九世紀には、月など惑星をテーマにした数多くのSFが誕生した。

一九一六年　ロシアのコンスタンチン・ツィオルコフスキーが著作「地球の外で」を発表し、ロケットによる宇宙飛行の原理を明らかにする。

一九二六年三月　アメリカでロバート・ゴダードが、世界最初の液体燃料ロケット（無人）打ち上げに成功。ゴダードは「近代ロケットの父」と呼ばれる。

一九四二年八月　ドイツでフォン・ブラウンが、世界初のミサイルV－2（A－4型ロケット）の試験飛行に成功。一〇月のA－4型ロケット四号機（無人）の打ち上げでは、世界初の宇宙空間への到達に成功した。

一九五七年一〇月　ソヴィエト連邦（ソ連）が、世界初の人工衛星スプートニク（無人）打ち上げに成功した。

一九五八年一月　アメリカが、アメリカ初の人工衛星エクスプローラ一号（無人）打ち上げに成功した。

## 宇宙を目指して——二大国家の競争

一九六一年四月　**ソ連が人類初の有人宇宙船ウォストーク一号を打ち上げ**

一九六一年四月一二日（UTC＝協定世界時）、ソ連は人類初の有人宇宙船ウォストーク一号を打ち上げた。人類で初めて宇宙を飛んだ宇宙飛行士ユーリ・ガガーリンが語った「地球は青かった」という言葉は世界中に伝わり、有名となった。六月一六日（UTC）にはウォストーク六号に史上初の女性宇宙飛行士ワレンチナ・テレシコワが搭乗し宇宙飛行を行った。

一九六一年五月　**アメリカがマーキュリー宇宙船を打ち上げ**

ソ連に先を越されたアメリカは、ガガーリンが宇宙を飛行した三週間後の一九六一年五月五日（UTC）、アラン・シェパード宇宙飛行士を乗せたマーキュリー宇宙船の打ち上げに成功した。これがマーキュリー計画の始まりであった。このマーキュリー計画は一九六三年まで続き、合計六機の宇宙船が打ち上げられた。この計画に参加した七人の宇宙飛行士たちは「ライトスタッフ」と呼ばれた。

一九六五年三月　**ソ連が人類初の船外活動（宇宙遊泳）に成功**

一九六五年三月一八日（UTC）、ソ連のウォスホート二号の宇宙飛行士アレクセイ・レオーノフは、人類で初めて船外活動に成功した。この船外活動で人類が宇宙空間でも活動できることが証明され、宇宙服の実用性が確認された。

一九六五年六月　**アメリカが船外活動（宇宙遊泳）に成功**

一九六五年六月三日（UTC）、ソ連による船外活動から三ヵ月おくれて、アメリカはジェミニ四号のエドワード・ホワイト宇宙飛行士による初の船外活動に成功した。この船外活動で得られたデータは、のちのアポロ計画で長時間の月面活動に耐えられるような宇宙服の設計などに役立てられた。

一九六七年

**相次ぐ事故**

一九六七年一月二七日（EST＝アメリカ東部標準時）、アメリカのアポロ一号が地上訓練中に火災となり、三人の宇宙飛行士ガス・グリソム、エドワード・ホワイト、ロジャー・チャフィーが死亡した。

一九六七年四月二三日（UTC）、ソ連のソユーズ一号が、帰還回収時にパラシュートが開かず地上に激突し、搭乗していたウラジミール・コマロフ宇宙飛行士が死亡した。宇宙船の飛行中の事故での初めての死者となった。

一九六九年七月

**アメリカのアポロ一一号が人類初の月面着陸に成功**

一九六九年七月一六日（UTC）、ニール・アームストロング、マイケル・コリンズ、エドウィン・オルドリンの三宇宙飛行士が搭乗しアメリカのケネディ宇宙センターを飛び立ったアポロ一一号は、同月二〇日（UTC）に「静かの海」と呼ばれる月面の平地に着陸した。長い間人類が夢見てきた月への到着に成功し、このときアームストロング船長が語った「これは一人の人間にとっては小さな一歩だが、人類にとっては大きな躍進である」という言葉は、世界中に伝わり有名となった。その後、アポロ計画では一九七二年一二月まで六回の月着陸に成功した。

一九七〇年四月一三日（UTC）、月への宇宙飛行中のアポロ一三号で爆発事故が発生し、危険な状況となったが、四月一七日（UTC）、搭乗していたジェームズ・ラヴェル、ジョン・スワイガート、フレッド・ヘイズの三人の宇宙飛行士全員を無事帰還させることに成功した。

## 宇宙での長期滞在開始

一九七一年四月

**ソ連が世界初の宇宙ステーション「サリュート」を打ち上げ**

アメリカが先に月面着陸を成功させたため、ソ連は有人の宇宙ステーション計画を進めてきた。この宇宙ステーション計画に使用するために、プロトンロケットやソユーズ宇宙船が開発され、世界初の宇宙ステーション「サリュート」が打ち上げられた。この世界初の宇宙ステーションの成功により、人類は宇宙空間で長期間生活することができるようになり、宇宙で実験を行うことができるようになった。ゲオルギ・ドブロボルスキー、ウラジスラフ・ボルコフ、ビクトール・パチャエフの三人の宇宙飛行士は、サリュート一号での最初の滞在を果たしたが、一九七一年六月二九日(UTC)、ソユーズ一一号により地球へ帰還する途上で起きたカプセルの空気漏れ事故により死亡した。

一九七三年

**アメリカはスカイラブ計画を実施**

アメリカはアポロ計画が終わった後、一九七三年にスカイラブ計画を行った。スカイラブはアメリカ初の宇宙ステーションで、無重量状態での人体の研究や、地球の気象・地質の観測などを行った。

## 競争から協調へ

一九七五年

**アメリカのアポロ宇宙船とソ連のソユーズ宇宙船がドッキング**

一九七五年七月一七日（UTC）に、アメリカのアポロ宇宙船とソ連のソユーズ宇宙船は、地球を回る軌道上でドッキングした。両国の宇宙飛行士は、お互いの宇宙船を訪問しあい、ともに実験や食事をした。この出来事は、国際協力を象徴する新たな宇宙時代の始まりとなった。

一九八一年

**スペースシャトル初飛行**

一九八一年四月一二日（EST）、アメリカはスペースシャトル「コロンビア号」の最初の打ち上げに成功した。スペースシャトルはそれまでのロケットと違い、宇宙と地上を何回も行き来することができる、再使用可能な宇宙船として開発された。一九八六年一月二八日（EST）には、スペースシャトル「チャレンジャー号」が発射直後に爆発し乗員七人全員が死亡（乗員には、宇宙飛行を行う初めての教師として民間から選ばれた女性も含まれていた）、二〇〇三年二月一日（EST）には、スペースシャトル「コロンビア号」が帰還直前に空中分解し乗員七人全員が死亡と、二回の大事故があったが、二〇一一年に退役するまでアメリカの宇宙計画の中心的存在となった。

一九八六年

**ソ連が宇宙ステーション「ミール」打ち上げ**

一九八六年、ソ連はサリュートに続く新たな宇宙ステーション「ミール」の組立てを開始した。ミールには台所や運動する場所があり、より快適な環境で実験ができるようになった。一九九〇年一二月二日（UTC）に日本人初の宇宙飛行士としてTBS

社員でジャーナリストの秋山豊寛を乗せたソユーズTM一一号がミールに向け打ち上げられた。秋山宇宙飛行士は、ミールへのドッキング後、宇宙からのテレビ実況中継を行った。二〇〇一年三月二三日（UTC）、ミールの機体が古くなり故障が多く安全に飛ばすことができなくなったため、ロシアは、その運用を終了し大気圏へ突入させ、南太平洋上に落下させた。

一九九二年

**毛利宇宙飛行士、日本人で初めてスペースシャトルで宇宙へ**

一九九二年九月一二日（EDT＝アメリカ東部夏時間）～二〇日（EDT）の八日間にわたり宇宙開発事業団の毛利衛宇宙飛行士が日本人初のスペースシャトル搭乗員としてエンデバー号で宇宙に行った。このときは、搭乗科学技術者として、四三の宇宙実験を行った。一九九四年七月には、日本人初の女性宇宙飛行士向井千秋がスペースシャトル「コロンビア号」に搭乗しIML－2（第二次国際微小重力実験室）ミッションに従事した。

一九九八年

**国際宇宙ステーション（ISS）建設開始**

一九九八年一一月二〇日（UTC）、史上初の国際協力により建設される国際宇宙ステーションの最初の構成要素（部品）が打ち上げられた。そして二〇〇〇年一一月二日（モスクワ標準時）から、宇宙飛行士たちが約三カ月交代で長期間の生活を始めた。国際宇宙ステーションは、アメリカ、ロシア、日本、ヨーロッパの国々、カナダなど一五カ国が参加して建設し、二〇一一年七月二一日（EDT）に完成した。日本からも多くの宇宙飛行士が搭乗し、二〇一四年三月九日（JST＝日本標準時）には、若田光一宇宙飛行士が日本人初の国際宇宙ステーションコマンダー（船長）に就任した。

二〇〇三年

中国、独自の有人宇宙計画

二〇〇三年一〇月一五日（中国標準時）に中国が、宇宙飛行士一人を乗せた神舟五号の長征2Fロケットによる酒泉衛星発射センターからの打ち上げに成功した。神舟五号は、一〇月一六日（中国標準時）に帰還し、有人宇宙船の打ち上げでは、アメリカ・ロシアに次ぎ三ヵ国目、四二年ぶりの成功国となった。

## 民間宇宙船の挑戦

二〇〇四年九月

イギリスの民間企業であるヴァージングループが、商業用宇宙機による宇宙観光プログラム計画を発表した。

二〇〇四年一〇月

アメリカのスケールド・コンポジッツ社スペースシップワンが、民間の有人宇宙機として史上初の宇宙飛行に成功。その後同一機体での二度目、三度目の宇宙飛行にも成功し、民間による再使用可能な世界初の宇宙機開発を競うアンサリXプライズを獲得した。

二〇一一年七月

アメリカ航空宇宙局（ＮＡＳＡ）のスペースシャトルが退役した。

二〇一二年八月

アメリカのスペースX社の商業用無人宇宙船ドラゴンが、民間として史上初の国際宇宙ステーション（ＩＳＳ）への補給を行った。

（資料提供　宇宙航空研究開発機構）

■執筆者一覧（五十音順。＊は編者）

磯部洋明（いそべ ひろあき）

京都大学宇宙総合学研究ユニット特定准教授

専門は宇宙物理学

主な著作に『宇宙のえほん図鑑』（監修、永岡書店、2013）、『総説宇宙天気』（分担執筆、京都大学学術出版会、2011）など

内堀基光（うちぼり もとみつ）

放送大学教授

専門は社会文化人類学

主な著作に『森の食べ方』（東京大学出版会、1996）、『死の人類学』（共著、弘文堂／講談社学術文庫、1986／2006）、『「ひと学」への招待』（放送大学教育振興会、2012）など

大村敬一*（おおむら けいいち）

大阪大学大学院言語文化研究科准教授

専門は文化人類学

主な著作に『カナダ・イヌイトの民族誌――日常的実践のダイナミクス』（大阪大学出版会、2013）、『制度――人類社会の進化』（分担執筆、京都大学学術出版会、2013）など

岡田浩樹*（おかだ ひろき）

神戸大学大学院国際文化学研究科教授

専門は文化人類学

主な著作に『両班――変容する韓国社会の文化人類学的研究』（風響社、2001）、『可能性としての文化情報リテラシー』（共編、ひつじ書房、2010）など

木村大治*（きむら だいじ）

京都大学大学院アジア・アフリカ地域研究研究科教授

専門は人類学、コミュニケーション論

主な著作に『共在感覚――アフリカの二つの社会における言語的相互行為から』（京都大学学術出版会、2003）、『括弧の意味論』（NTT 出版、2011）など

佐藤知久（さとう ともひさ）

京都文教大学総合社会学部准教授

専門は文化人類学

主な著作に『フィールドワーク2.0――現代世界をフィールドワーク』（風響社、2013）、『はじまりとしてのフィールドワーク――自分がひらく、世界がわかる』（共編著、昭和堂、2008）など

**宇宙人類学の挑戦——人類の未来を問う**

2014年6月30日　初版第1刷発行

編　者　岡田　浩樹
木村　大治
大村　敬一
発行者　齊藤万壽子
〒606-8224 京都市左京区北白川京大農学部前
発行所　株式会社　昭和堂
振込口座　01060-5-9347
TEL（075）706-8818／FAX（075）706-8878
ホームページ http://www.showado-kyoto.jp/


印刷　亜細亜印刷
ISBN 978-4-8122-1416-9